陇东学院出版基金资助项目
甘肃省社会科学规划项目“双减背景下甘肃农村地区家庭教育质量提升路径研究”（2022YB120）
陇东学院博士基金计划项目“幼儿道德敏感性培养中的相关因素交互作用机制研究”（XYBYSK2103）
陇东学院博士科研启动项目“道德健康与心理健康双向促进的模型建构”（XYBY1710）阶段性研究成果

幼儿道德敏感性发展与培养

杜军　著

九州出版社
JIUZHOUPRESS

图书在版编目（CIP）数据

幼儿道德敏感性发展与培养 / 杜军著. -- 北京 : 九州出版社, 2022.7

ISBN 978-7-5225-1067-5

Ⅰ. ①幼… Ⅱ. ①杜… Ⅲ. ①品德教育－教学研究－学前教育 Ⅳ. ①G611

中国版本图书馆CIP数据核字(2022)第123346号

幼儿道德敏感性发展与培养

作　者	杜　军　著
责任编辑	赵恒丹　赵晓彤
出版发行	九州出版社
地　址	北京市西城区阜外大街甲 35 号 (100037)
发行电话	(010)68992190/3/5/6
网　址	www.jiuzhoupress.com
电子信箱	jiuzhou@jiuzhoupress.com
印　刷	河北赛文印刷有限公司
开　本	787 毫米 ×1092 毫米　16 开
印　张	13.75
字　数	165 千字
版　次	2022 年 7 月第 1 版
印　次	2022 年 7 月第 1 次印刷
书　号	ISBN 978-7-5225-1067-5
定　价	98.00 元

前言

在生活中存在着大量的“知行不一”的道德现象，究其原因可能是长期以来人们对道德结构的认识出现了误区，习惯于通过“知、情、意、行”的结构划分对道德现象进行解释，通常也以这种逻辑顺序对学生进行道德教育，尽管这种划分有一定的合理性，但各部分之间的相对独立性割裂了道德形成的内在一致性和连贯性，最终导致很多人依然知错犯错。新科尔伯格取向提出的四成分模型认为认知和情绪不可分离，始终贯穿于道德形成的全过程，道德行为背后所隐藏着的心理成分主要包括道德敏感性（moral sensitivity）、道德判断（moral judgement）、道德动机（moral motivation）和道德品性(moral character)。这四个成分之间存在一般意义上的逻辑顺序，个体要形成良好的道德行为首先必须要具有比较高的道德敏感性。道德敏感性作为道德发展的逻辑起点，对解决“知行不一”的道德问题具有重要意义，因此，有必要对其进行深入研究。

另外，长期以来仅以“公平”“关爱”为主要内容的道德研究使其自身陷入了“只见树木不见森林”的境地，这种在道德内容上的局限性使我们很难了解道德发展的全貌，实际上，道德生活始终贯穿于人类发展和个体成长的过程，其内容极其丰富，远不止“公平”和“关爱”。道德基础理论提出道德至少包括关爱/伤害（care/harm）、公平/欺骗（fairness/cheating）、忠诚/背叛（loyalty/betrayal）、权威/颠覆（authority/subversion）、圣洁/堕落（sanctity/degradation）五个方面的内容，对道德敏感性发展的考察至少也应该从这五个方面入手，才可能对道德发展有一个比较全面的了解。

基于这些问题的思考，我们必须要以新的视角来审视道德敏感性问题。新科尔伯格取向的四成分模型揭示了道德形成背后的机制，道德敏感性作为道德行为形成的初始条件，应该给予足够的重视。另一方面，对道德内容的研究也不能拘泥于“公平”和“关爱”，至少应该以道德基础理论提出的五个方面的道德内容为出发点来探究其发展特点。要对道德敏感性进行全面考察，就必须从其概念结构和道德内容两方面进行考量，来探测其发展轨迹。这不仅有助于我们对道德敏感性的认识，更有助于我们对不同领域道德发展过程的理解。道德发展始于道德敏感性，因此，以幼儿为被试来研究道德敏感性的发展特点更具典型性和代表性。需要注意的是，从生态系统论的观点来看，幼儿道德敏感性发展特点的形成不仅可能会受到幼儿周围环境的影响，同时也可能会受到幼儿个体因素的影响。因此，有必要在探索其发展特点的同时对其影响因素之间的相互作用机制也进行探析，以便对幼儿道德敏感性的发展规律能有一个全面、深刻的认识。对幼儿道德敏感性的发展特点及其影响因素作用机制的了解是希望能更好地为幼儿道德发展提供依据，在此条件之下我们才能更好地尊重幼儿道德发展规律，并采取有效的干预方法对其道德成长进行引导。

基于道德心理规律探索和道德教育实践应用两方面的考虑，本书分为两大部分，第一部分包括前六章内容，主要是对道德敏感性的相关概念、结构、内容进行了梳理，编制了幼儿道德敏感性情境问卷，运用心理学的实证方法对我国幼儿道德敏感性的发展情况进行了调查，并在此基础上对影响幼儿道德敏感性发展的环境因素和个体因素的交互作用机制进行了分析，得出了一些有价值的结论。第二部分包括后五章内容，主要从家庭、学校、社会三个角度对关爱、公平、权威、忠诚、圣洁五个领域幼儿道德敏感性相关影响因素的作用路径进行了分析、并对其培养途径进行了介绍，希望能给家长及教师提供一定的幼儿道德教育参考。

目录

第一部分　幼儿道德敏感性的发展

第一章 文献综述

1.1 道德敏感性的涵义

1.1.1 道德敏感性的概念

1.1.1.1 敏感性的词源分析

敏感性是生物体或生物体某一部分对某些因素易于感受的性能(《辞海》)。英文中的"sensitivity"和它对应,表示感受能力的状态与质量,也指有机体对刺激反应的能力。"敏感性"是个生活中被经常使用的词,不同的研究领域涵义不尽相同。一些学者认为,敏感性是指个体对刺激信息感受或察觉的灵敏程度,或者指个体受刺激信息影响的容易程度;另一些学者则认为敏感性是指对微弱的信息以及变化能快速地觉察和反应,尤其表现在对他人情绪快速而灵敏的感知与反应方面。第一种说法强调个体对不同信息的觉察和反应,即敏锐性;第二种说法强调个体对他人情绪的觉察和反应,具有感知的某种受动特征(郑信军,2008)。另外,还需要指出的是敏感性(sensitivity)不同于反应性(responsivity),敏感性主要是指对外在刺激影响的知觉与认知加工方面,而反应性主要是指对刺激反应的行为后果(王振宏,2020)。

1.1.1.2 道德敏感性的概念

Rest并不是道德敏感性这一概念的最早提出者,之前许多学者如苏格兰哲学家哈切逊(F.Hutcheson)和休谟(D.Hume)都曾以道德感(moral sense)来描述那种对正确或错误作出直觉式情绪反应的能力。另外,道德敏感性也一直是作为一个行为概念以多种方式被描述，如同情反应、识别道德维度的技能、关于他人舒适与幸福与否的直觉、道德关怀的成分，等等。Rest的贡献在于他把道德敏感性这个概念纳入其理论框架，并给予了明确的解释，使理论与经验在一个统一体中得以连续。Rest（1984）把道德敏感性定义为“觉察到某人可能要做或正在做的某事可能会直接或间接地影响他人的幸福”，体现为情绪对认知的激活，是一种个体对情境的解释能力。Rest对道德敏感性的定义包含三个基本的成分：首先，存在道德情境（无论这种情境是显性的还是隐性的）；其次，在某些方面会影响到自我和他人；再次，正在做的事或将要做的事违背了某种社会准则。Rest等人（1986）还进一步论述了关于道德敏感性研究的三个发现：①对于许多人来说，即便是理解简单的事件也是困难的；②个体之间在理解他人需要的敏感性上存在显著差异；③年龄在一定程度上增强了个体识别这些情境的能力。显然，Rest等人明确揭示了道德敏感性作为一种能力在道德行为发生过程中的作用，随后的学者基本上也大都是在这个理论框架下开展工作的。

除Rest等人对道德敏感性进行了大量的研究外，其他研究者就道德敏感性的涵义也给出了他们各自的定义。Sparks和Hunt（1998）将道德敏感性定义为识别道德问题并赋予其重要性的能力。也有人将道德敏感性定义为个体发现和解释道德问题的能力，或者说是个体对情境中道德含意的领悟和解释能力，属于道德认知的初始阶段（Haidt, 2001; Moll, et al, 2005）。Jordan（2007）将道德敏感性定义为在复杂情况下识别道德问题的能力，它包括诸如理解他人的反应和感受，具有共情和观点采择能力，理解行为如何影响自己和他人的幸福，以及从他人的行为中做出推断和反应的能力（Mostmans, Bauwens & Pierson, 2014; Brabeck et al, 2000; Rest, Narvaez, Bebeau & Thoma, 1999; Sadler, 2004; Butterfield, Trevino & Weaver, 2000）。Narvaez（2001）提出按照日常生活习惯应该把道德敏感性分为道德觉察（moral perception）和道德解释（moral interpretation）两个成分，它们具有先后顺序性。前者是在道德解释之前的无意识或前意识的事件处理，涉及探测“有没有”道德问题，后者主要是一种由意识控制的认知加工，它涉及对“是什么”“怎么样”的道德问题的理解和评价。两者密不可分，没有前者的瞬间感悟，就没有后者的意识性加工，后者把前者在知觉和直觉情绪层面上的感受保留在记忆中并对其进行加工，为道德判断和最终的道德行为提供依据（Narvaez & Bock, 2002），这一定义得到了学界的普遍认可。

道德敏感性也可以被描述为对充满冲突的情况所涉及的道德价值的关注，承认在这种情况中所涉及的原则，以及意识到自己在这种情况中所扮演的角色。它可以被理解为道德行为和判断的一个重要前提，因为道德敏感性对于道德专注和对道德情境的全面理解是很重要的。传统的道德原则是建立在理性推理的基础上的，而道德敏感性的概念则涉及情境中的情感和推理两方面，这意味着在一个情境中要具有道德敏感性，就需要在情感和认知上同时认可其重要性，依赖于在个人的经历和发展上形成的所有价值体系。徐贵权（2007）就认为道德在前，道德敏感性在后，道德敏感性是道德社会化的产物，是个体道德社会化达到一定水平之后所形成的特征，他认为道德敏感性是一种道德自觉意识，是从人文社会现象包括人与自然关系中发现道德问题的能力，是对人文和社会现象进行道德考量的能力，是主体对人文和社会现象中的善与恶的感知、感悟、反应能力。李琳琳（2009）则认为道德敏感性本身是相对于道德冷漠而言的，是指主体对于道德事件及行为的自觉感知并给予积极关注和反应的一种品性，即个体能够敏锐地感知、理解和体察自己、他人及社会群体的情感、需要和利益的能力。

从以上对道德敏感性定义的综述可以看出，尽管也有从道德价值观角度对道德敏感性进行定义的取向，但大多数研究依然沿用了以Rest和Narvaez等人给出的定义，更倾向于认为道德敏感性是一种能力。

1.1.2　相关概念辨析

1.1.2.1　道德敏感性与道德意识

道德意识是指个体认识到他的行为或决定可能会影响他人的利益、幸福和期望，而且这种将要采取的行为或决定可能会与某些道德规则冲突（Butterfield, Trevin, Weaver, 2000）。Reynolds（2006）认同Butterfield的观点，并指出道德意识是个体对某个情境是否包含有道德内容的确定，是道德决策的过程中唯一在本质上不同于其他三个阶段的现象，它强调道德和非道德，而道德判断、道德意向和道德行为都强调道德和不道德，关注于什么是对什么是错。

道德敏感性与道德意识不同，Reynolds（2006）将道德意识定义为情境中是否包含有道德内容的决定，并将道德意识与道德敏感性做了区分，并指出道德敏感性是个体实现道德意识的能力。由此可见，道德敏感性是个体从其他问题中辨别道德问题的能力，而道德意识是指个体将一个问题视为真正道德问题的决定。尽管它们之间的差异是很明显的，但仍需要进一步来确定它们之间这种差异的含义、性质和范围。从中文习惯用语来看，无论Butterfield和Reynolds对道德意识的解说有多详细，我们可能都很难用道德意识来取代道德敏感性，因为在我们看来道德意识是一个更为综合性的概念，是道德观念、道德情感、道德意志、道德信念以及道德理论体系的总和，其核心是道德行为规范，从某种意义上说，它几乎包含了所有的道德心理现象（郑信军，2008）。

1.1.2.2 道德敏感性与道德觉察

Shaub等人(1993)从职业伦理的角度对道德敏感性进行了界定，认为道德敏感性是个体在职业背景中识别情境中伦理本质的能力，他交替地使用道德敏感性和道德觉察（moral perception），认为个体意识到道德问题的能力就等于个体觉察道德问题的能力。Blum（1994）对道德觉察做了进一步的解释，认为“觉察”是一个比较宽泛的概念，它涉及一个过程或一系列的过程，在这个过程中个体搜索、选择、组织并解释有关他们周围的道德信息。由此可见，道德觉察是涉及各种道德和社会心理因素，包括倾向性特征和心理过程的综合能力。在Blum看来，不能把“道德觉察”看作一个状态，而应将其视为一个广泛的社会认知过程。但他的这一观点受到了Butterfield的反对。Butterfield（2000）认为不能用“觉察”这样一个带有初级认知特征的术语来描述意义更为丰富的道德敏感性。Butterfield认为，道德敏感性要比道德觉察复杂得多，因为诸如“这可能是个道德问题”“这个问题可能已经违反了某些道德准则”等考虑并不一定必然导致道德觉察的发生，从过程来看，道德敏感性可能还包含根据发生的行为来解释特定情境的情况，以及这个行为的每一个进程将会影响谁，获利者怎样看待这个行为对他们利益的影响。

1.1.3　道德敏感性的分类

1.1.3.1 倾向性道德敏感和情境性道德敏感

郑信军（2008）在总结和梳理了以往关于道德敏感性的概念后，认为道德敏感性是个体在自己的道德生活和道德经验基础上形成的对道德价值的优先反应趋向以及对道德问题的敏锐觉察与解释能力，包括倾向性道德敏感（dispositional moral sensitivity）和情境性道德敏感（contextual moral sensitivity）两个成分。倾向性道德敏感依赖于道德价值观，是建立在个体道德价值优先态度基础上的反应倾向性，属于道德敏感性的静态结构成分。情境性道德敏感是指个体在情境中自觉觉察道德线索和发现道德问题，从道德的角度来审视情境的能力，是道德敏感性的动态结构成分。Lützén, Dahlqvist, Eriksson和Norberg（2006）都注意到个体存在着是否易于感受道德信息，做出相应反应的倾向性，并试图探索道德敏感性作为一种心理倾向的结构与成分。这些研究也都认为，在控制其他因素的条件下，具有某种较高倾向性特征的个体，会更容易感受到某种情境中的道德信息，并对其进行优先反应。

1.1.3.2 规范性道德敏感和描述性道德敏感

长期以来对道德敏感性概念的界定有两种形式，即规范性概念和描述性概念。对于规范性道德敏感而言，研究者关注的道德内容都是规范性的，评估工具中的每个题目都有正确或不正确的答案，识别和评估道德问题正确与否的标准往往来源于给定情境中的职业道德准则。这类道德敏感具有明显的行业性，诸如医学领域、市场营销、实验室研究（Clarkeburn, 2002）等行业。当前，研究人员基本上都是基于这种规范性的道德模型对道德敏感性进行研究的。例如，Bebeau（1994）开发了牙科医护人员道德敏感性测试工具，用来检查牙科专业的医学生在牙科实践中识别职业道德问题的程度，这些问题的设计都是依据牙科专业道德规范进行的。类似的测试也被用于评估一般医疗服务提供者（Lützén, Evertzon & Nordin, 1997）、市场研究人员（Sparks & Hunt, 1998）和实验室科学家（Clarkeburn, 2002）。这些评估的结果有助于这些专业内的从业者认知自己的职业道德精神，促进职业道德规范的提升。

描述性道德敏感是描述个体觉察问题或行为是否具有道德属性的过程。Rozin, Markwith和Stoess（1997）为描述性道德敏感概念的确定做出了基础性贡献，他们描述了个体对道德问题从不敏感到敏感这一过程的一般特征，如在道德化的过程中情绪、情感等因素经常会卷入道德判断。与此同时，Skitka和他的同事提出了另一个关于道德敏感的描述性模型，他们在对道德信仰效果的研究中发现，个体对道德问题的态度反映了他们的核心道德价值观（Skitka, Bauman & Sargis, 2005）。在描述性道德敏感模型发展的过程中，Lovett和Jordan（2010）提出的道德敏感四水平框架得到了较广泛的认可与应用，道德敏感的四水平框架即水平0（simple preferences），没有道德化，只是个体的一种偏好，诸如喜欢吃面条还是米饭；水平1（preferences with meta-preferences），自我的道德化，这一水平的偏好并不稳定，有时可能会降为水平0，不同之处在于这一水平上的偏好会引起道德情绪，如内疚、害羞等，对事物的描述会用“对”和“不对”来表达，但仅限于个体自己的观点或态度，并不是普遍的道德要求，因此也依然仅是一种偏好；水平2（preferences for others），对他人的道德化，把自己的偏好同样能应用于他人，如不仅认为自己喝酒是不对的，而且认为别人喝酒也是不对的；水平3（publicly expressed preferences for others），公开表达的道德，这级比水平2更强烈，相比水平2对别人不道德行为的判断可能是隐蔽的，水平3敢于公开表达对不道德行为的判断（McEachern & Cheetham, 2013）。

1.1.4 道德敏感性的理论基础

1.1.4.1 四成分模型

道德敏感性是四成分模型中的一个核心概念(Rest, 1984)。在Rest等人

（1986; 1999）看来，道德行为背后隐含着比较复杂的心理成分，这些心理成分主要包括道德敏感性（moral sensitivity）、道德判断（moral judgement）、道德动机（moral motivation）和道德品性(moral character)。道德敏感性主要体现为个体对情境中道德问题的领悟和解释，也是对情境中道德内容的觉察和对某种行为可能会对别人产生影响的意识，即能清楚地认识到"这是个道德问题"。这当中不仅会体现出观察者个体的共情能力，也会涉及一些和该情境有关的道德规范或原则。道德判断是指在某种道德情境中，个体经过深思熟虑的推理后，对哪种行为是最道德的一种判断。道德动机是指在多种价值观同时存在的情况下，会优先考虑某种道德价值，为此会采取一定的道德行动，并敢于为自己的选择而导致的道德结果承担自己相应的道德责任。道德品性是指个体勇于克服各种诱惑的干扰，为了某个道德目标坚持不懈地履行道德职责的个性特点，表现为某种道德行为的坚定性。

四个成分中任一成分的缺乏都可能导致个体不履行自己的道德行为。对情境中道德问题的不敏感，或者没有形成正确的道德判断，或者没有形成某种道德动机，都会导致个体不愿意执行某个道德行动。尽管可以看出，这四个成分具有一定的逻辑顺序，但在现实中，它们并不一定完全以某种时间顺序呈现，因为它们之间存在着复杂的反馈环路和相互作用。例如，在道德上个体对于什么是正确的理解和判断（道德判断）就有可能会影响个体对情境中的道德问题的觉察（道德敏感性）；当个体意识到道德行为的后果时（道德动机），还可能会采取说服性的方式，让自己或别人改变以往所持有的某种道德价值观、对情境中的道德问题作出新的解释（道德敏感性）以便自己做出自己本来可能不会选择的行为。

四成分模型为合理地解释道德认知到道德行为这一过程中各成分之间的关系，提供了一个"上层结构"（superstructure）（Thoma, 2002），这也是20世纪90年代以来道德发展研究所普遍遵循的一个基本框架。四成分模型的提出为道德发展研究提供了一个新的视角，被认为是道德品质研究的一个"重要的理论进步"。四成分模型打破了传统道德结构的划分方式，使以往的以心理过程中的知、情、意、行为主的道德结构划分方式面临着一种挑战，四成分模型综合地考虑知、情、意、行，它认为道德结构不是一种线性的决策模型，相反，它的每一个成分都包含着认知和情绪的交互作用，各成分之间都存在着正负反馈回路作用和相互影响。四成分模型认为道德心理过程是一个整体，道德功能体现于各成分之间的一种相互的整体作用，它为我们提供一种新的思路来分析一系列的道德概念问题，建立了道德干预的实施和评价框架。它否定了各种道德发展理论用单一的变量或心理成分来表征道德的做法，能综合地考虑知、情、意、行诸心理活动，这在理论上被认为是有所突破和创新的。

1.1.4.2 道德基础理论

Haidt（2001）提出的道德基础理论（Moral Foundations Theory）认为道德具有先天性、可塑性、直觉性和多元性四个基本特征，并依据这四个基本特征提出了人类共有的五领域道德基础，为研究者提供了一个新的相对完整的理论框架（张梦圆，苑明亮，寇彧，2016）。四个基本特征是：1.先天性，该观点认为道德源于进化，具有先天性的反应机制。在人类的发展过程中会反复遇到各种适应性问题，这会促使人类产生相应的模块化适应机制来满足生存需要（Tooby & Cosmides, 2005）。在长期的进化过程中社会管理和交往的需要而产生的各种规则使得人类形成了先天道德性（Haidt, 2012），通过基因的文化传递，道德往往先于个体经验存在，是个体道德系统的发展起点，为个体在社会化过程中学习具体的道德规范提供了敏感性基础(Graham et al., 2018; Deloache & Lobue, 2009）。2.可塑性，该观点认为长期的进化使人类形成了共有的道德基础，但却因为不同的环境，尤其是文化环境的不同而表现出了不同的形式，最终形成比较多样化的道德系统。例如游牧民族比狩猎、耕种民族的组织结构更为松散，其流动性也更大，因此，他们对于内群体的忠诚、权威性的层级关系要求也就相对较低（Fry & Souillac, 2013）。相反，在农耕文化下，社会更提倡权威和忠诚，如为了表示对权威或长辈的尊敬，印度儿童被反复教育遇到这些人士时应当鞠躬，因此当遇到权威人物时，他们便会做出自动化的鞠躬反应（Graham et al., 2013）。3.直觉性，该观点认为在道德判断中直觉先于推理。道德基础理论认为，面对某种道德情境时，人们是通过快速而自动化的直觉反应作出判断的，情绪在这种源于进化的直觉反应中起着非常重要的作用（Haidt, 2001）。道德推理只是为道德判断做出事后的一种解释及辩护（Mercier & Sperber, 2011）。不同群体由于遗传因素不同、文化环境不同，对不同道德内容的重视程度也会不同，这就会造成个体对相同道德事件的直觉反应不一（Haidt, 2012）。4.多元性，该观点认为道德内容是多元的。人类的道德内容范畴来自于个体或群体所面临的适应性挑战要求。照顾亲代的关爱和洁净要求、在群体内获得更多资源的公平和权威要求、在群体间取得竞争优势的忠诚要求等不同的适应要求，决定了人类道德内容的多元特征。依据这四大基本特征，Haidt等人梳理了已有的多元道德内容，并在自己团队一系列实证研究基础上，提出了人类共有的5种基本道德内容。

五领域道德基础是：关爱/伤害（Care/Harm），表示为了照顾后代和亲属使人类进化出了关心照顾和保护他人免受伤害的仁爱心和同情心，并逐渐具有了一定利他性的道德内容；公平/欺骗（Fairness/Cheating），是指在与非亲缘关系的人或群体进行价值交换时，为确保双方的利益不受损失，避免合作成果被掠夺，而形成的惩罚欺骗者、褒奖公平分配者的有关道德内容；忠诚/背叛（Loyalty/Betrayal），是指不同群体间在合作与竞争的过程中，为了避免被群体内成员出卖使群体利益受到损失，要求个体必须忠诚于所在群体，对群体的忠诚能使群体更有凝聚力，在不同群体的竞争环境中会获得更多的资源和利益。权威/颠覆（Authority / Subversion），是指个体在等级结构的群体中，不同的阶层拥有不同的权利和义务的道德内容，如下级接受上级的命令、服从上级，上级保护下级等，其本质是源于群体内部的资源划分和权力争夺所形成的合法而不对称的地位（Rai & Fiske, 2011）；圣洁/堕落（Sanctity/Degradation），是指保持干净、圣洁，追求精神上的升华，远离不干净的人和物，避免肮脏与污秽的道德内容，这是人类在长期的进化过程中为了避免感染疾病，形成的能迅速检测危险信息，并通过自动的厌恶反应远离危险的免疫系统。五领域道德基础各自具有不同的心理系统，它们在人类长期以来面临的适应挑战（adaptive challenge）、道德发生的原初事物（original triggers）、激发道德的现存事物（current triggers）、与道德相应的特有情感（characteristic emotions）、与道德相关的美德要求（relevant virtues）这五个方面都是不同的（Graham et al., 2013），它们是人类在进化过程中自动形成的，具有广泛的文化基础（Graham et al., 2011）。

道德基础理论对心理学和其他的学科都产生了非常重要的影响（Graham et al. 2013），研究人员已经开始将道德基础理论和人格（Hirsh, DeYoung, Xiaowen Xu & Peterson, 2010; Lewis & Bates, 2011）、心理倾向（Federico, Weber, Ergun & Hunt, 2013）、生命史（McAdams et al., 2008）等结合起来进行研究了。早期的研究还比较了人们在评价道德内容和非道德内容时的神经系统变化区别（Moll, Eslinger & Oliveira-Souza, 2001; Moll, Oliveira-Souza, Bramati & Grafman, 2002; Moll, Oliveira-Souza, Eslinger, et al., 2002），实际上，不仅道德领域和非道德领域存在不同，不同的道德领域之间也是不同的，如有研究发现有关身体伤害的道德的违规神经反应就不同于圣洁领域道德违规引起的反应（Heekeren et al., 2005），也有研究已经开始探索不同的道德领域可能会激活不同的脑区。Haidt（2006）认为道德发展是一种文化适应的过程，儿童学习认识到自己所在环境下的文化模式，逐渐对这种模式产生了一种直觉反应，表现出这种文化模式下的行为。儿童对于不同美德的学习能力存在差异，对某种美德的学习可能很容易，但有些美德却不容易被儿童接受。当然，这和儿童自身的个体因素也有关系，同一种美德有些孩子容易接受，而另外一些儿童学习起来却比较困难，就是说，不同个体对不同领域道德的敏感性可能存在差异，这种差异有可能来自先天的遗传，也有可能来自后天文化环境的影响，抑或是它们相互作用的结果。

1.1.4.3 道德敏感性概念内涵的综合认识

综合上述词源分析、概念发展演变、类别划分、理论梳理以及日常生活经验，我们认为，道德敏感性是指个体在先天的遗传和后天的道德经验基础上形成的对道德问题的敏锐觉察与解释能力。道德敏感性作为个体生命的产物，经历着一个不断发展变化的过程（Baykara, Demir & Yaman，2015）。幼儿对不同领域道德问题情境线索的觉察和解释能力都在不断地发生着变化，横向体现为同一时间段内不同领域道德敏感性发展水平高低次序的一种变化，纵向表现为不同时间段个体对同一领域道德问题觉察和解释能力的一种发展变化。

1.2　幼儿五领域道德敏感性发展研究现状

1.2.1　关爱领域道德敏感性发展

进化使哺乳动物的大脑对他人的情绪状态，尤其是来自后代和社会群体的成员的情绪状态变得敏感（Decety & Cowell, 2014）。有人认为，哺乳动物进化的悠久历史使母亲的大脑对自己后代的痛苦迹象非常敏感（Haidt & Graham, 2007）。在许多灵长类动物和其他社会性动物中，这种敏感性超越了母子关系，因此所有典型的发育正常个体都不喜欢看到他人遭受痛苦。具有道德敏感性的人会做出与内疚、同情和愤怒相关的情感反应，这些反应引起了相应的道德行为（Pinazo Calatayud & Nos Aldás, 2016）被他人的情绪状态所影响能促进来自相似群体的个体之间的关爱和联系（Decety & Cowell, 2014）。这种关爱的动机深深根植于我们的生理，而且非常灵活，甚至包括非人类，诸如在西方文化中，尤其是当看到像小狗这样的家养宠物痛苦时（Batson, 2012），参与感知他人痛苦的神经地域也会被激活（Franklin, 2013）。在成熟的道德推理中，孩子们知道关心他人的情感和心理体验的重要性，年幼的学龄前儿童表现出对他人情感状态的主观性认识，并越来越多地表现出对受害者的情感关怀（Davidov, Zahn-Waxler, Roth-Hanania & Knafo, 2013）。对他人的痛苦能够感同身受是幼儿道德能力的最早表现之一，这可能是道德概念的核心组织特征（Turiel, 2015）。

痛苦的感知触发了共情，这通常是受害者利他行为产生的条件（Haidt, 2003），个体的行为导致了他人的痛苦，在道德上是不可接受的（Greene et al., 2004）。如果一个人因道德过失而伤害了他人，他或她就会意识到自己在道德过失中所承担的责任。随着研究的深入，人们发现共情和关爱领域的道德敏感性关系更为密切。研究发现，具有共情功能障碍的儿童（Cheng,

Hung & Decety, 2012）和患有精神病的成年人（Blair, 2009）尽管可能会对基本或复杂情绪的理解能力保持完好，但仍然会表现得冷酷无情，这可能是他们对他人痛苦感受的敏感度降低所致。越来越多的磁共振功能性成像研究表明，参与身体疼痛体验的神经回路也参与对另一个人的疼痛感知或想象。这一神经网络包括ACC、AIC和PAG，构成了一种生理机制，能够调动机体对威胁情境的高度警觉和关注，同时也促进了个体的共情水平（Decety, Michalska & Akitsuki, 2008）。

行为研究提供的证据表明，在婴儿出生的第一年，就会表现出一定的道德评估和行动能力。例如，婴儿出生后不久就表现出对哭泣或痛苦的反应（Sagi & Hoffman, 1976），6个月大的婴儿更倾向于与帮助者而不是阻碍者互动（Hamlin, Wynn & Bloom, 2007）。关爱行为在儿童时期随着自我—他人分化和社会理解的增长而增加（Svetlova, Nichols & Brownell, 2010）。婴儿12个月大时，就开始出现包括试探性的轻拍或触摸别人等安慰方式安慰受害者。随着运动技能和行动能力的发展，即使没有直接的语言提示，蹒跚学步的孩子也会主动向需要帮助的陌生人提供帮助（Dunfield, Kuhlmeier, O'Connel & Kelley, 2011）。蹒跚学步的孩子在提供帮助和第三方提供帮助时，都会表现出类似的生理唤起指标（Hepach, Vaish & Tomasello, 2012）。这些自然出现的行为被认为是出于同情，或对他人健康的关心。助人行为也在儿童早期出现，大约14—18个月大的婴儿表现出自发的、没有回报的工具性帮助行为（Warneken & Tomasello, 2009）。对他人的痛苦表现出多样化和针对他人的共情和同情反应（Eisenberg, Spinrad & Sadovsky, 2006），18个月大的时候，孩子们就会对处于伤害境地的成年陌生人表现出关心（Vaish, Carpenter & Tomasello, 2009）。3岁时，孩子开始选择性地对他人表现出关爱行为，他们不会帮助那些造成或打算造成他人伤害的人（Vaish, Carpenter & Tomasello, 2010）。对于4岁幼儿而言，只要当事人受损，他们都会做出难过的情绪判断。对6岁幼儿而言，不论是分享行为还是助人行为，当事人都会为自己做了好事而感到高兴（陈少华，郑雪，2000），许多天才儿童早期就在对他人同情的理解和判断上显示了明显的道德敏感性（Silverman,1994），这些自然的早期出现的行为被认为是由共情或对他人幸福的关心所激发的。

1.2.2　公平领域道德敏感性发展

公平敏感性（equity sensitivity）是指个体对感知到的公平和不公平行为或现象稳定而个性化的反应，主要表现为个体对公平的不同偏好（Huseman, Hatfield & Miles, 1987）。皮亚杰认为公平是一种道德规范，也是道德研究的主题，对公平的认知影响公平行为，儿童只有"去自我中心化"后才有可能表现出公平分配。因此，以往研究认为婴幼儿还没有公平分配物品的意愿和能力（Arsenio, Gold & Adams, 2006; Blake & Rand, 2010）。Fehr, Bernhard 和 Rockenbach（2008）的研究发现绝大多数幼儿会选择有利于自己的分配。但是，也有研究发现，个体的社会道德规范很有可能是与生俱来的（Hamlin, Wynn & Bloom, 2007; Mikhail, 2007）。Haidt 和 Bjorklund（2008）研究发现道德发展依赖于早期的社会道德直觉，并提供了包括认知科学在内的相关学科的研究证据。这些研究结果使人们开始探讨公平是否在婴幼儿期就已出现。很多相关研究发现，4—6 岁幼儿已经能表现出一定的公平敏感性（Kogut, 2012; LoBue, et al, 2011）。Sloane, Baillargeon 和 Premack（2012）进一步的研究发现，公平敏感性发生的年龄甚至可以提早到 2 岁。Schmidt 和 Sommerville（2011）研究发现，15 个月的婴儿也能表现出一定的公平敏感性。

对公平敏感性的研究通常使用两种不同的实验范式：第一方任务（first-party tasks）和第三方任务（third-party tasks），二者的区别主要是实验的参与者是否为分配的利益相关者（Sloane, Baillargeon & Premack, 2012）。为了探析婴幼儿是否也具有公平敏感性，Olson 和 Spelke（2008）开发了针对婴幼儿的第三方任务，让婴幼儿作为分配者给其他人分配资源，结果发现 3.5 岁的幼儿就可以公平分配资源。Rochat 等人（2009）研究发现，3—5 岁同年龄段幼儿在第一方任务中，倾向于给自己分配的更多，在第三方任务中，倾向于更平等地分配物品。

第三方任务还有一种形式被称为期望违反范式（Violation-of-Expectancy Paradigm, VOE 范式），在这种范式中，被试作为旁观者观看分配者给其他接受者分配资源。VOE范式假定婴幼儿会对不期望或意外的事件注视时间更长，并以此来评估其公平敏感性（Kuhlmeier, Wynn & Bloom, 2003; Hamlin, Wynn & Bloom, 2007; McCrink & Wynn, 2007）。在VOE范式下，2—3岁儿童已经普遍具有公平敏感性，而且这种敏感性会随着年龄增长而提高，3岁至3岁3个月幼儿公平敏感性发展最为迅速，情境对儿童公平敏感性有着显著的影响（刘文，朱琳，张雪，张玉，刘颖，2015）。越来越多的研究发现婴儿可能已经具有了公平敏感性，这将公平敏感性发生的年龄提早到了2岁（Geraci & Surian, 2011; Schmidt & Sommerville, 2011; Sloaneet, Baillargeon & Premack, 2012; Sommerville, Schmidt, Yun & Burns, 2013）。

最近的一些研究发现，在第三方任务中，社会情感的主观性会对被试判断和反应产生影响，进而影响其对分配结果的判定（Blader, Wiesenfeld, Fortin & Wheeler-Smith, 2013），因此，第三方任务比较适合应用于婴幼儿被试。研究发现婴幼儿的公平敏感性具有情境性，不能仅仅理解为一种感知偏好（Schmidt & Sommerville, 2011; Sommerville et al., 2013; Sloane et al., 2012）。实际上，Sigelman 和Waitzman（1991）很早就注意到了社会情境对婴幼儿分配的影响，他们依据公平的3个原则，即平等、均衡和需要，设计了3种社会情境，让幼儿分别对年长儿童、贡献更大的儿童以及需求更强的儿童进行分配，结果发现即便幼儿5岁时，也对情境信息不敏感，他们不会考虑个体的贡献和需要，而是会偏爱平等的分配方式。Damon（1975）的研究也发现6岁以下幼儿还不具备考虑贡献在分配中作用的能力。因此，当前大多数研究还是在只考虑平等原则的情境下考察幼儿的公平敏感性。但最近的一些研究发现幼儿在一定程度上也具有考虑情境中贡献因素的能力，McCrink等人（2010）发现，5岁幼儿能够考虑个体的贡献因素，3岁儿童也能给贡献多的人分配更多的奖品（Baumard, Mascaro & Chevallier, 2012），甚至21个月大的婴儿对仅有一个人完成了所有的工作，而两个人获得了相等奖励的这种情境注视更长时间（Sloane et al., 2012）。

随着第三方任务的开发和应用，为幼儿公平敏感性研究提供了工具和方法，也为幼儿阶段公平的深入研究提供了可能。但目前还没有针对婴幼儿公平敏感性而给出操作性定义，由于具体研究目的、方法、侧重点等不同，对公平敏感性的界定也不尽相同。未来研究应该在对无关因素进行控制的情况下，对公平敏感性进行操作性定义，使其概念具体化，以便能使各种研究结果比较，充分揭示其心理机制，系统详尽地探究公平敏感性的发展特点。

1.2.3　忠诚领域道德敏感性发展

从进化的角度来看，当外群体成员攻击内群体成员时，人会非常敏感，但当内群体或外群体成员之间发生争斗时，就不那么敏感了。事实上，以往的行为和神经成像研究表明，与外群体成员相比，人们对内群体成员的痛苦表现出更大的敏感性。为了研究群体成员在感知伤害方面的作用，48名参与者在观看故意伤害群体成员的内外群体行凶者的影像时接受了扫描。结果显示，当行凶者来自外群体时，人们对内群体受害者的道德敏感性比外群体更高。磁共振功能性成像数据显示，当群体内的受害者被群体外的个体伤害时，被试的左眼窝前额皮质（OFC）会更加活跃。此外，当行凶者来自外群体时，左OFC与左杏仁核和岛叶之间的耦合性增加。总之，这些结果表明，我们对外部群体成员所造成的伤害高度敏感，而对内部群体受害者的敏感性取决于是谁实施了伤害（Molenberghs, Gapp, Wang, Louis & Decety, 2016）。

幼儿阶段是群体相关态度和行为发展的重要时期。例如，许多研究发现，这个年龄段的孩子对他们的内群体成员比外群体成员更信赖（Dunham, Baron & Carey, 2011；Dunham & Emory, 2014；Kinzler & Spelke, 2011；Baron & Dunham, 2015）。Castelli, De Amicis & Sherman（2007）发现，与和种族外群体成员（即黑人儿童）互动的白人儿童相比，4—7岁的白人儿童更喜欢与种族内成员积极互动。另一组研究发现，5到12岁的孩子通常更喜爱内群体的成员（Abrams, Rutland & Cameron, 2003; Abrams, Rutland, Cameron & Ferrell,2007; Abrams, Rutland, Pelletier & Ferrell, 2009）。从4岁左右开始，小组群体成员就会影响儿童个体的学习（Kinzler, Corriveau & Harris, 2011）和动机（Master & Walton, 2013），并通过群体的期望和判断对个体的行为产生影响（Chalik & Rhodes, 2014; Rhodes & Chalik, 2013）。

“是什么让一个人成为你最好的朋友？”年龄较小的儿童的回答与年龄较大的儿童有显著差异（Furman & Bierman, 1984）。例如，Bigelow（1977）发现在他们的样本中最小的孩子（6到8岁）专注于接近和成为一般的玩伴。他们希望朋友们彼此亲近，参与同样的活动。年龄稍大一点的孩子（7岁到10岁）会看重相似性，只有年龄最大的一组（12岁到14岁）提到忠诚和亲密，如自我表露。然而，即使是青少年，在描述他们的朋友时，他们更可能提到亲密或共同的活动，而不是忠诚（Bigelow, 1977）。这些数据使理论家们提出，儿童对友谊的最初理解可能是基于表面层面的属性，如接近性和身体相似性。事实上，大量的研究发现，3岁的孩子更喜欢与自己性别、种族、语言、宗教相同的人（Dunham, Baron & Carey, 2011; Fawcett & Markson, 2010; Heiphetz, Spelke & Banaji, 2013; Shutts, 2015）。后来，随着孩子们社会经验积累和社会能力的提高，他们可能才会理解忠诚的重要性（Rubin, Bukowski & Bowker, 2015）。

忠诚是一个复杂的概念，之前的研究可能低估了幼儿的理解能力。最新的研究使用了更简单的方法，不需要孩子自发地把复杂的反应用语言表达出来，这表明孩子们可能在青春期之前就明白了忠诚是如何影响友谊的。3至5岁的幼儿也可以用忠诚来预测友谊（Zoe & Alex, 2019），例如，3岁和4岁的孩子希望与朋友和兄弟姐妹分享的比陌生人要多（Olson & Spelke, 2008），4—6岁的孩子可以使用分享的模式来维系友谊（Liberman & Shaw, 2017），至少在5岁时，孩子更喜欢忠于他们的社会群体的孩子（Misch, Over & Carpenter, 2014），即使这样做的代价很高，他们也会做出忠诚的行为（Misch, Over & Carpenter, 2016）。

研究表明，4至5岁的孩子对忠诚的理解深度有所增加（Misch et al., 2014），即使是年幼的孩子也明白保密的重要性（至少在某些时候）。从4岁开始，他们就明白有些信息不适合公开（Kim, Harris & Warneken, 2014），并且认为保守秘密是一个人值得信任的重要指标（Rotenberg, Michalik, Eisenberg & Betts, 2008）。此外，这个年龄的孩子能够在特定的情境下保守秘密（Peskin & Ardino, 2003）。学龄前儿童希望与朋友有选择地分享秘密

（Liberman & Shaw, 2018）。相比于外群体成员，他们更有可能忠诚地保守内群体成员的秘密，4到5岁的孩子在组内比在组外更不愿意透露秘密，他们愿意为忠于自己的团队付出代价（Misch, Over & Carpenter, 2016）。

进一步的研究表明学龄儿童愿意为他们的小组成员放弃利益。例如，Fehr, Bernhard和Rockenbach（2008）发现，与外群体成员相比，7岁和8岁的孩子更有可能与内群体成员共享一个资源，而其他研究表明，6岁的孩子更愿意为内群体成员接受惩罚（Jordan, McAuliffe & Warneken, 2014）。Misch, Over和Carpenter（2014）进行了唯一一项调查儿童是否积极评价那些为了保持对群体的忠诚而付出代价的个体的研究。在他们的研究中，4岁和5岁的孩子观看了两组比赛的视频。当发现其中一个小组将会获胜时，视频暂停了。然后，孩子们看着两名失分小组的成员以平衡的顺序发言。一个人说她想要赢，因此，她会离开她的小组，加入获胜的小组（不忠的人），另一个人说，虽然她想赢，但她会留在她的团队（忠诚的个人）。因此，忠诚的人需要牺牲个人利益（获胜），以保持忠诚和留在她的团队。孩子们被要求判断这两个人是否善良，是否值得信任，是否道德，是否值得奖励。两个年龄段的孩子都更喜欢忠诚的人，而不是不忠诚的人，5岁的幼儿表现得更为突出。James（2001）调查了5到8岁的孩子关于他们最喜欢的运动队。他发现，85%的孩子预测，即使他们的球队输掉比赛，他们对球队的偏好也不会改变。

忠诚和其他道德领域之间的关系研究调查了儿童群体偏爱与公平、关爱之间相互作用的相关问题。虽然共情关怀是最早发展起来的社会情感能力之一（Davidov et al. 2013），但儿童并不平等地对所有人表现出共情和关怀。相反，他们表现出对他们认同的个人和群体成员的偏见。例如，两岁的孩子对他们的母亲表现出更多与同情相关的行为，而不是陌生人。与组外成员相比，8岁儿童更有可能对组内成员产生积极的情感反应，而共情的倾向性与组内认同呈正相关（Masten, Gillen-O 'Neel & Brown, 2010）。此外，儿童（3—9岁）将社会类别视为内在人际义务的标记模式，也就是说，他们认为人们本质上只对自己的群体成员负有义务，认为不论规则是否合理，群体内的伤害都是错误的，但群体间的冲突则源于错误规则（Rhodes & Chalik, 2013）。在磁共振功能性成像研究中，扫描参与者在观看群内或群外行凶者故意伤害群内或群外成员时的大脑皮层可以发现：参与者对被外群体成员伤害的群体内受害者表现出最大的共情悲伤和愤怒（Molenberghs, Gapp, Wang, Louis & Decety, 2016）。

1.2.4 权威领域道德敏感性发展

关于权威概念在儿童早期是如何发展的，很多文献都是基于皮亚杰和科尔伯格的理论，认为权威是持续认知发展的产物。皮亚杰（1965）认为，在儿童中期之前，儿童处于一种他律的状态，在这种状态下，成年人的权威是绝对被尊重的，是道德的一种外在形式。这将导致学龄前儿童在大多数情况下不管命令的内容如何，都会给予成人权威无限的合法性。同样地，尽管科尔伯格的发展阶段与实际年龄无关，但他早期的发展阶段论认为学龄前儿童是通过避免惩罚和学习规则来获得权威概念的（Kohlberg & Hersh, 1977）。在这些早期阶段，孩子们倾向于服从大人（Dawson & Gabrielan, 2003）。

虽然传统的阶段理论假设学龄前儿童完全受惩罚回避和绝对服从权威的引导，但最近的研究对儿童权威概念的简单化观点也提出了质疑，认为儿童对成人权威的概念理解是复杂的，会因社会认知领域和命令内容的不同而不同（Tisak, 1986）。道德领域理论（Turiel, 1983）是第一个全面分析权威人物对儿童社会行为的影响的理论之一。首先，儿童并不认为任何成年人就是合法的权威，相反，他们倾向于主要依靠老师和父母，至少在青春期之前是这样（Darling, Cumsille & Martınez, 2008）。第二，儿童对权威人物鼓励他们采取的行动的效价很敏感。因此，孩子在4岁时就拒绝了伤害他人的要求，即使这种要求直接来自父母（Damon, 1977）。此外，孩子们报告说，他们只会服从具有道德的权威人物。例如，一个要求停止打架，而不是鼓励打架的老师（Laupa & Turiel, 1993）。第三，儿童对权威人物试图要求规范的行为领域很敏感。Lagattuta, Nucci和Bosacki（2010）发现，当权威的限制涉及道德领域（例如，伤害）时，4—7岁的儿童会服从权威，但当这种限制针对个人领域（例如，禁止穿受欢迎的衬衫）时，他们就会提出抗议。

7岁时，儿童对权威标准的理解就已经变得比较复杂，除了年龄之外，还会考虑知识和地位（Laupa, 1991）。甚至在幼儿园期间，孩子们就会选择服从一个被给予了权威角色的同伴（一个老师助手），而不是一个未指定的成人（Laupa, 1994），这表明，即使对于非常小的孩子而言合法权威不仅是指身体优势，实际上地位和专业知识更重要。教师个人权威的认可度会随着课堂时间的增加而增加，这表明孩子们对权威人物的认可度在一定程度上是建立在赢得信任的基础上的（Chen & Ispa, 1999）。

教师的权威在学校被放大，而家长在家里拥有更多的权威（Chen & Ispa, 1999），尽管父母通常比其他任何人都更有权威，但学龄前儿童似乎会根据情境来区分权威（Yau, Smetana & Metzger, 2008）。当权威与现有的道德框架发生冲突时，5岁的孩子就会表达与老师不同的观点而不受老师权威身份的影响，如这些老师给一个物体起了错误的名字，或者用瓶子喝汤等（Guerrero, Cascado, Sausa & Enesco, 2017）。不同年龄段的儿童对权威的服从会受到道德内容的影响，同时也能区分权威的好坏，并依据自己的判断做出相应的行为。Tisak, Crane-Ross, Tisak & Maynard（2000）发现，学龄前儿童几乎一致否认母亲在家有打人的权利。Damon（1977）报告称，几乎所有4岁及以上的孩子都一致认为他们不可能按照父母要求去偷项链。Laupa和Turiel（1986）问孩子们，如果看到两个孩子发生肢体冲突，一个人命令他们停止战斗，而另一个人命令他们继续战斗，那么正确的做法是什么。小学生们几乎一致选择服从要求结束战斗的人。然而，在后来的一项研究中，当对学龄前儿童提出同样的情景时，选择服从结束战斗命令的人只有三分之二左右（Laupa, 1994）。同样，Laupa和Turiel（1993）发现，大约五分之一的幼儿和一年级学生赞同学校校长允许一群孩子进行肢体攻击的合法性，然而，二年级到六年级的孩子们一致拒绝了这一命令。

随着年龄的增长，孩子们对权威的服从和尊重在不断的变化，而他们对道德规则的敏感度也不断增加。从17个月大开始，孩子们就高度适应了社会支配。例如，他们期望在两个玩偶之间建立某种动态权力，并规定资源分配，那么，占主导地位的玩偶比顺从的玩偶就会获得更大份额的奖励（Enright, Gweon & Sommerville, 2017）。对小孩子来说，适应支配和权威似乎是有用的，因为在人生的头一二年里，学龄前儿童的权威概念获取在很大程度上取决于他们与权威人士（父母和后来的老师）的成功互动。2岁的儿童已经能够开始理解父母的权威，并通过抑制自己的某些行为来顺从父母，甚至取悦于父母，当他们弄坏了玩具或不能模仿别人某个行为时，都会表现出难过的情绪，同样，当他们做了一件好事获得权威人士的表扬时，则会表现出高兴的表情，这可能都体现着他们的某种权威意识。

1.2.5 圣洁领域道德敏感性发展

对某些刺激产生厌恶的感觉，被认为是人类最基本的情感之一（Haidt, McCauley & Rozin, 1994）。一种观点认为，圣洁敏感性是由病原体回避机制演化而来的（Haidt, 2012；Horberg, Oveis, Keltner & Cohen, 2009）。厌恶（来自味觉或嗅觉诱导）增强了圣洁领域的道德谴责（Landy & Goodwin, 2015），厌恶感鼓励人们远离对身体有危险的物体，也鼓励人们远离那些对群体具有威胁的人或行为（Chapman & Anderson, 2013）。厌恶与圣洁领域的道德敏感性存在相关（Wagemans, Brandt & Zeelenberg, 2018），对圣洁领域道德敏感性的研究也多从厌恶敏感性的角度进行探究。Horberg和他的同事发现相比其他道德领域（即关怀、权威、公平、忠诚和自由），厌恶敏感性与纯洁领域的道德判断关系最为密切（Horberg, 2009；Wagemans, Brandt & Zeelenberg, 2019）。已有研究发现：高厌恶倾向的个体表现出更严厉的道德判断（Inbar, Pizarro, Knobe & Bloom, 2009；Horberg, Oveis, Keltner & Cohen, 2009），更强烈地谴责违反道德的行为（Chapman & Anderson, 2013；Brenner & Inbar, 2015; Chapman & Anderson, 2014; Crawford, Inbar & Maloney, 2014），对特定的道德问题也更加敏感（Wagemans, Brandt & Zeelenberg, 2018）。

新生儿天生喜欢甜的物质，拒绝酸的或苦的物质（Birch, 1999），对苦味有一种天生的反应性，这种反应会产生一种特殊的面部表情，旨在帮助排出嘴里的东西，而产生恶心的感觉，可能是为了阻止进一步的摄取（Stevenson,

Oaten, Case, Repacholi & Wagland, 2010）。在生命的头两年，传统社会中的婴儿几乎完全是母乳喂养的，通常因为被抱着而不会接触到地面，这可以保护他们免受有害微生物的侵害（Hrdy，2011；Sear, Mace & McGregor, 2000）。有证据表明，在免疫系统完全发育之前的断奶后阶段，儿童特别容易受到病原体的影响（Dobson & Carper, 1996; Searet al, 2000）。一些典型的传播疾病的物体，如粪便、呕吐物和腐烂的食物在婴幼儿发育早期就会引起个体厌恶反应，Rozin（2008）将其称为"核心厌恶"。有研究表明，当进行厌恶的任务时，比如闻粪便和尿液的气味，两岁多的孩子几乎有一半的时间会避开这些物品，到6岁多时，这一比例增加到75%（Stevenson et al., 2010）。先天的味觉偏向、后天的味觉厌恶和熟悉偏好可能会在发育早期鼓励人们食用安全的、高卡路里的食物（Shutts, Kinzler & DeJesus, 2013）。

另一个经常与厌恶密切相关的问题是污染敏感性。最近的研究表明，儿童在3岁就开始出现污染敏感性（Legare, Wellman & Gelman, 2009），但存在地域差异，西方发达国家的儿童比发展中国家的儿童有更强烈的污染敏感性，然而，这可能是由于文化和教育的原因，因为西方发达国家对儿童的卫生行为要求比发展中国家高。4—5岁时，儿童会认识到溶解的物质仍留在液体中，即使与蟑螂等污染物短暂接触的食物或果汁仍将是有害的。在另外一项研究中，Kalish（1997）发现3到5岁的美国儿童能够区分对污染的心理和身体反应，但他们对涉及疾病的实际身体过程的理解可能较弱。当被问及对疾病的反应细节时，许多学龄前儿童没有意识到疾病需要时间来发展。4—7岁的美国儿童坚持认为细菌不是活的，感冒同样可能通过毒药或胡椒等刺激物传播，他们还声称细菌像肿瘤一样生长，但不会在体内繁殖，也不会进食或死亡（Solomon & Cassimatis, 1999）。

1.3　影响因素

根据生态系统理论的观点，个体因素和环境因素交互影响着人的发展，幼儿道德敏感性作为人的发展的一部分，同样也会受个体因素和环境因素交互影响。在个体因素中，根据四成分模型的观点，认知和情感始终同时在道德敏感性发展过程中起着非常重要的作用，因此，选择了体现认知的心理理论，体现情感的情绪理解和同时体现认知和情绪的共情作为对道德敏感性发展影响的主要个体因素进行研究。同样，根据生态系统理论的观点，在环境的嵌套结构中，家庭是个体发展中最直接也是影响最大的一个微观系统，同时，依据道德基础理论，道德发展的可塑性特征也体现在家庭这一微观环境系统。在这一微观系统中，家庭社会经济地位和家庭环境质量是最重要的两个因素，它们对道德敏感性发展具有重要影响。

在个体因素和环境因素交互影响个体发展的理论中，生态系统理论从宏观上提出了大的理论框架，差别易感模型和生态系统理论有很多一致之处，差别易感模型认为环境对个体发展的影响受到个体易感性因素的调节，个体的易感性因素（包括行为的、生理的和基因的等因素）为调节变量，环境因素为预测变量，个体行为发展结果为因变量（Belsky et al., 2007）。在很多发展研究中气质都会被作为一个重要的调节变量进行研究，对幼儿而言，在所有的个体易感性因素中气质更具典型性，因此，气质的调节作用将在本研究中给予充分考察，来探测其在家庭环境质量对幼儿道德敏感性发展中的作用。

基于以上理论思考，个体因素中的心理理论、情绪理解、共情、气质，环境因素中的社会经济地位、家庭环境质量将作为本研究的主要影响因素进行考察，探究它们对幼儿道德敏感性发展的交互作用。

1.3.1 心理理论

心理理论是指个体对自己和他人心理状态（如感知、需要、意图、愿望、情绪、信念等）的认识，并由此对相应行为做出预测和解释（Apperly, 2012），在学龄前阶段快速发展（Wellman, Cross & Watson, 2001）。纵向研究表明，儿童最初只会提到自己的内心世界，从5—6岁开始，他们也能提到他人的心理状态，而不受自己内心状态（情感或认知）的影响（Hughes & Dunn, 1998）。

研究表明，心理理论和道德敏感性间存在显著的正相关（Moore &

Macgillivray, 2004），心理推理能力比较高的个体能准确地认识他人的心理状态，并能设身处地地站在他人的角度考虑相关问题，从而为良好的人际互动奠定了基础（丁芳，郭勇，2010），Baird等人就错误信念理解与道德判断之间的关系对4—7岁儿童进行了研究，采用了经典的意外地点任务、意外内容任务和二级信念理解任务作为错误信念任务，让儿童对好、坏两种不同意图下人物的行为进行道德评价，将其作为道德判断的指标，结果发现，心理理论与道德判断之间的确存在显著的正相关（Baird & Astington, 2004）。

也有研究表明，心理理论能够促进亲社会行为（Hughes & Kwok, 2007）。心理理论的能力与孩子的社交能力、积极的同伴关系和亲社会行为联系在一起。随着孩子意识到他人的思想、信念和意图，他们可能会更好地预测他人的反应和互动，并能够更好地修正自己的思想、信念和意图以优化社交互动。对他人的认知状态有深刻理解的儿童，也能够更好地及早与同龄人和成年人形成更高质量的关系（Egguma et al., 2011）。心理理论和合作行为之间存在正相关，心理理论水平较高的个体更能准确认识他人心理状态，预测他人可能出现的行为，这为合作行为的出现提供了必要条件（Paal & Bereczkei, 2007）。心理理论和分享行为也存在正相关（Takagishi et al., 2010）。Yu, Zhu和Leslie（2016）的研究发现，3—9岁儿童的分享行为和个体的二级心理理论相关。那些二级错误信念理解能力强的个体更能站在他人的角度考虑问题，例如“他可能想让我多分给他几个礼物，我这样做，他应该会很开心……”。还有研究发现，心理理论可以促进幼儿的直接互惠行为，通过错误信念任务的幼儿如果在最后通牒游戏中以接受者的身份得到了公平分配，那么他在随后的独裁者游戏中就会倾向于给之前的分配者分配更多的资源（Schug, Takagishi, Benech & Okada, 2016）。

从文献梳理中我们可以发现，以往对心理理论对道德发展的影响主要从道德行为、道德判断、亲社会行为等方面进行了研究，根据科尔伯格提出的四成分理论，这些行为或判断本身以道德敏感性的发展为前提，我们推测心理理论可能对道德敏感性也会产生一定的影响。

1.3.2 情绪理解

情绪理解（Emotion understanding, EU）指的是我们能够识别和预测他人的情感反应，并理解人们外显和内隐的情感体验（Pons, Harris & de Rosnay, 2004），情绪理解是一般社会认知理解的核心组成部分（deRosnay & Hughes, 2006）。情绪理解是一个非常复杂的结构，涉及对调节情绪的性质、原因、结果和可能性的理解。通过汇集大量的研究结果，Pons 等人（2004）提出了情绪理解发展模型（Ornaghi, Brockmeier & Grazzani, 2014）。该模型认为情绪理解至少由九个部分组成，分为三类：对情绪本质的理解（有两个部分：对基本情绪的认识和对混合情绪的理解），对情绪成因的理解（有五个部分：外因、记忆、欲望、错误信念和道德价值观的作用），以及对情绪可以被控制的理解（有两个组成部分：能够识别显性情绪和隐性情绪，能够意识到情绪体验可以被调节）。随着年龄的增长而发展，这九个成分也可以被归为三个发展水平，Pons和Harris（2005）通常将这三个发展水平归类为外部（从3到4岁左右开始获得，包括对面部表情的识别，对情景原因的理解等），心理（从6岁左右开始获得，包括对信仰在情绪中的作用的理解，记忆对情绪的影响，外部表情和内在心情之间的区别，隐藏情绪的能力），以及反思（从8岁左右开始获得，包括道德的影响以及对同时存在的复杂情绪的理解）。

情绪理解包含一些能力，比如知道情绪的术语、识别面部表情，以及理解情绪的诱因。情绪理解是社会情感能力的体现。幼儿早期对情绪的理解（如基本情绪的识别）和认知的理解（如错误信念的理解）是幼儿最初的两种不同的能力（Cutting & Dunn, 2006）。在幼儿时期，孩子们在理解情绪和认知状态的能力上进步很快，三岁的孩子能识别基本的情绪表达（快乐、悲伤、愤怒和恐惧），并知道特定的情境会引发别人特定的情绪，例如，生日聚会通常使人快乐。3岁的孩子对他人情绪有更深刻的理解，他们意识到，在类似的情况下，他人可能会体验到与自己不同的情绪（Denham et al., 2003）。年龄较大的学龄前儿童在命名和识别情感表达方面要比年龄较小的学龄前儿童更好。7岁左右的儿童会理解与特定面部表情无关的复杂情绪

（例如嫉妒和自尊心）（Harris, Olthof, Terwogt & Hardman, 1987），再稍长一些能对掩饰或隐藏的情绪和混合情绪进行理解（Saarni, 1999）。这表明儿童的情绪理解会随着年龄的增长而提升。

良好的情绪理解也预示着良好的社会性发展，如充分的同伴接纳（Mostow, Izard, Fine & Trentacosta, 2002）、亲社会行为（Eisenberg et al., 2006）、道德发展（Laneet al., 2010），以及较少的攻击性行为（Denham et al., 2002）。许多研究结果一致表明，情绪理解促进积极的社会情绪发展，如有效的情绪调节、社交能力、道德情感和对他人需求的积极反馈，并防止内化和外化行为问题的出现（Laneet al., 2010）。几项研究证明，儿童的情绪理解和他们在同伴中的接受度和受欢迎程度正相关（Denham et al., 2002; Pons & Harris, 2005）。

尽管以往的文献并没有针对情绪理解和道德敏感性之间的关系进行研究，但我们可以发现，以往研究就情绪理解和儿童社会性发展，尤其是和亲社会行为、道德行为等方面进行了较多研究，依据道德结构的四成分理论，道德敏感性往往是道德行为产生的前提条件，因此，我们推测情绪理解可能对道德敏感性也会产生一定的影响。

1.3.3　共情

共情通常被认为是一种对其他人的情绪状态或感觉的感知能力，能够唤起类似于他人的情感反应，但又不将自我与他人混淆的能力（Eisenberg, Spinrad & Morris, 2014）。共情至少包括情感和认知两种成分（Cuff, Brown, Taylor & Howat, 2016）。情感共情是共情的初级形式，主要是指个体的情绪被他人诱发唤醒，即个体的情绪受到了他人情绪的感染。而认知共情强调对他人情绪和感受的推理，是我们能理解他人，知道他人感受到了什么（Decety & Lamm, 2006）。其中，情感共情通常被认为是最简单的共情形式，从鸟类到啮齿类动物再到人类的众多物种中都可以观察到（Edgar, Nicol, Clark & Paul, 2012），并在个体发育早期就出现（Cheng, Chen & Decety, 2014）。这两个部分都是对他人情绪表达行为做出充分反应所必需的。共情被认为是情感能力发展的一种基本能力（Saarni, 1999），儿童的共情行为在情感和认知两个方面都是在学龄前阶段产生和发展的（Eisenberg, 1990）。

关注他人的感受是儿童道德敏感性发展的前提条件，从婴儿期开始就可以观察到共情反应。当个体感受到基本的情绪，如愤怒、恐惧、悲伤、喜悦、痛苦和欲望，以及其他的情绪，如尴尬和嫉妒时，可以在各种各样的情境中对他人产生共情（Hein & Singer, 2008）。共情有助于抑制攻击性和其他反社会行为，激发亲社会行为，促进道德敏感性的形成（Decety & Cowell, 2015）。它被认为是许多亲社会行为背后的重要动力，对道德敏感性的发展至关重要（Ruby & Decety, 2004）。Hofmann和Münzenberg（2000）研究了共情和早期道德发展之间的联系，发现道德不公的情况可能会在观察者身上引发一种个人责任感，这可能会转化为对自身无所作为的负罪感。因此，共情被视为发展正义信念体系、道德判断和利他行为的前提条件。最近的一些发现表明，学龄前儿童也能够使他们的行为符合社会普遍认可的规则，这可能受到儿童理解他人信仰和情感能力的影响（Lane et al., 2010）。

然而，拥有知识或推理能力与做出正确决定的能力是不一样的，做出道德判断，并不一定就意味着孩子能清楚地说明自己为什么这样做。共情功能障碍儿童（Cheng, Hung & Decety, 2012）和成年精神病患者（Blair, 2009）尽管依然能理解基本或复杂的情绪，但对他人痛苦的敏感性降低，会表现得冷酷无情，无动于衷。许多心理学家认为情感共情才是儿童利他行为和亲社会行为的重要影响因素之一（Decety, Michalska & Kinzler, 2011）。有经验证据表明，对他人的困境感同身受可能会增加亲社会行为，减少攻击性和其他反社会行为（Eisenberg & Eggum, 2009）。当某个人明显需要帮助时，情感共情特质高的个体更倾向于做出帮助决策（Balconi & Pozzoli, 2009）。在道德决策中，情感共情可以减少对他人的有害行为，缺乏情感共情能力会导致道德上的不当行为（Blair, 2009）。Willis等人（2015）发现，情感共情高的被试给伤心面孔（而非中性或开心面孔）的人提供帮助的倾向性更大。情感共情能力不足就会导致外化行为和其他行为问题产生，在面对他人的痛苦和不适时通常没有反应（Jolliffe & Farrington, 2006）。更让人感到不安的是，有时精神变态者通过做出结果主义的判断来做到“正确”，即以牺牲少数人的利益而使许多人受益，这恰恰是因为他们很少受到情感共情的影响（Paytas, 2014）。因此，除了理解行为意图或更抽象的心理状态（如他人的信念或愿望）的能力外，人们还可以与他人产生情感共情，即分享和理解别人的感受和情绪。道德敏感性的发展过程可能包括获得更多的情感和认知共情能力。

共情或对他人痛苦的替代性反应，并不总是指向对他人的关怀，它与其他领域的道德敏感性也存在相关性（Belacchi & Farina, 2012），共情有可能是基于个人痛苦的唤醒，将注意力从受害者的痛苦转移到对自我相似情感过程的认知。因此，人们发现在没有明显个人利益的情况下的共情有助于道德敏感性的发展（Eisenberget al., 2014）。一些研究已经证明了学龄前儿童道德敏感性和道德情感之间的积极联系，这会影响一个人对道德规范的理解和情感反应（Lane et al., 2010）。早期道德敏感性开始出现在幼儿和学龄前阶段，它植根于儿童规则内化和家庭内的共情关怀（Kochanska et al, 2010）。随着儿童的成长和认知能力的提升，共情很可能会对道德敏感性产生更大的作用（Camodeca, Caravita & Coppola, 2015；Eisenberg et al., 2014）。

尽管共情对道德敏感性的具体作用仍有争议，但Lovecky（1997）等人认为，共情感受体验在道德理解发展中至关重要，道德敏感性起始于儿童与父母之间共情的发展。值得一提的是，在涉及以伤害为主要特征的道德问题时，共情就成为道德敏感性的重要成分，不仅如此，共情还能作为一种道德动机来源进一步促进人们对道德问题的关注、察觉乃至行动。共情被认为是儿童道德敏感性的一个主要来源，因为它有利于道德思维的发展，为儿童道德行为提供了情感动力（Eisenberg, Spinrad & Morris, 2014）。道德心理学和神经科学领域的大量实证研究也表明，随着年龄的增长，认知发展有了一个明显的提升，学生逐渐具备了同时思考自己的观点和其他人观点的能力（Eisenberg, Spinrad & Sadovsky 2006）。道德敏感性也会随之提升，助人等亲社会行为在4到11岁之间继续增加，比如给哭闹的婴儿提供语言、手势或身体上的帮助等（Catherine & Schonert-Reichl, 2011）。虽然共情对道德敏感性的确切作用仍存在争议，如有研究认为，共情除了影响道德评价外，还可能影响道德发展，共情有可能使个体产生对暴力等反社会行为的厌恶，而不一定对此类行为的受害者产生共情（Miller, Hannikainen & Cushman, 2014），但对这种作用的探究有必要继续进行，以便更好地理解共情对道德敏感性发展的作用。

1.3.4 气质

气质是儿童社会性发展的基础，儿童并不只是被动地接受环境影响，相反，他会以自身的特质积极改变环境所施加的影响。Rothbart, Bates, Damon和Lerner（2006）将气质定义为基于反应性和自我调节性的个体差异在情感、活动和注意力等方面表现出的本质性的区别。气质的结构由三个主要方面组成（Gartstein & Rothbart, 2003），第一个方面被标记为消极情绪（Negative Emotionality, NE或Negative affectivity, NA），它类似于成人人格研究中确定的神经质因素，在幼儿期，这个领域包括恐惧、悲伤、愤怒和悲痛等。气质的第二个方面为积极情感/暴躁（Positive Affectivity/Surgency, PAS）或（Extraversion/surgency），代表外向性表现，与孩子的社交能力和积极情绪体验有关。在幼儿中，这个领域包括快乐的表达、具有积极的预期、高活动水平和社会参与度。气质的第三个方面主要指调节能力/定向（Regulatory Capacity/Orienting, RCO）或者称为努力控制（effortful control, EC），包括定向注意力的持久性、可抚慰性等。这三个主要的气质组成部分通常被认为是协同工作，以形成各种各样的发展结果（Rothbart et al., 2006）。

虽然气质在定义上被认为是相对稳定的，以生物学为基础的，但它也可以随着发展和环境的影响而改变，如遗传、成熟和经验（Rothbart et al., 2006）。气质变化会影响儿童的社会交往和社会适应，它被认为是社会发展结果的一个风险或保护因素。研究发现，脾气不好的婴儿不太适应他们所处的环境，可能更容易出现行为困难。相反，性格随和的孩子可能会从不良的社会经历中得到缓冲，并有更多积极的行为结果（Martinez-Torteya, Anne Bogat, Von Eye & Levendosky, 2009）。积极的性格和自我调节的能力有助于提升他们与他人的互动；相反，喜怒无常的负面情绪（如恐惧、沮丧、悲伤、不适）或低努力控制可能会影响幼儿的互动机会，从而影响社会交流。

气质始终与重要的社会行为相关，如共情和良知。婴儿的恐惧可以预测他们成长至6到7岁时的负罪感、共情和低攻击性。在Kochanska, Aksan和Joy（2007）的研究中，更恐惧的孩子在学龄前比不那么恐惧的孩子有更大的良知。恐惧提供了内心不适的暗示，这可以归因于良心，而不是外部奖励或强迫。接受温和和非惩罚性社交的恐惧儿童比接受惩罚性社交的恐惧儿童有更大的良知。和与父母关系消极的孩子相比，与父母关系积极的、具有一定恐惧性的孩子更有良知。努力控制（effortful control, EC）也正向预测良知（Kochanska et al., 2010），以及共情、负罪感和低攻击性。EC可以提供必要的注意力灵活性来对他人的负面情绪做出反应，并将这些情绪与对自己行为的责任联系起来（良心）。因此，两种控制系统，一种情绪（恐惧）和一种注意控制（EC），似乎会影响良心的发展：恐惧提供了痛苦和反应性抑制成分，而EC提供了连接痛苦线索、行动和道德原则所需的注意灵活性（Eisenberg, Smith, Sadovsky & Spinrad, 2004）。

总之，气质在幼儿道德敏感性的发展中起着非常重要的作用，有可能在环境因素对道德敏感性发展的影响过程中起着一定的调节作用。

1.3.5　家庭环境质量

Bronfenbrenner（2005）的生态系统理论认为家庭是个体成长中对其影响最大的微系统，他的研究对儿童早期社会化具有重要影响。要想了解儿童真实的发展过程，就必须考虑儿童发展过程中所接触的环境。家庭作为孩子成长的第一环境为其提供了最基本的物质和心理基础，对他们的品德养成产生了重要影响。在家庭环境的所有因素中父母是影响儿童心理发展的重要因素，父母的关爱与陪伴、温暖的家庭氛围、良好融洽的亲子关系等因素都会对儿童发展产生重大影响（李艳玮，李燕芳，刘丽莎，吕莹，2013）。良好的家庭环境质量可以为儿童提供情感上的支持，矛盾少的家庭环境也是儿童成长的积极因素，它会缓冲儿童成长过程中消极事件的负向作用，促进儿童的健康发展（Andreas & Watson, 2009）。家庭气氛越轻松，越有利于儿童正常行为的形成；家庭气氛越紧张，儿童越容易出现品行问题（关明杰, 高磊, 翟淑娜, 2010）。以往研究指出，个体是否有较多问题行为，往往取决于家庭环境质量的好坏，良好的夫妻关系可以为孩子提供好的榜样，减少孩子的攻击行为，那些具有凝聚力的家庭中的孩子往往也具有较少的问题行为。随着研究的深入，越来越多的研究者逐渐改变了过去单独探讨某个家庭因素的研究范式，开始将家庭看作一个系统来研究（徐夫真，张文新，2010）。

家庭环境中父母的态度和认知方式会影响孩子。在西方和非西方社会，父母的温暖和敏感性已经成为幼儿道德敏感性的一致预测因子（Eisenberg, Fabes & Spinrad, 2006）。照顾者的热情、负责任的养育方式给孩子们一种被爱和尊重的感觉，这进而发展了儿童的道德敏感性。在温暖的人际关系中，孩子更容易与照顾者产生共鸣，更容易接受社交活动。母亲的温暖为孩子提供了合适的情绪调节模式，可能减少了孩子的消极反应（Laible, Thompson & Froimson, 2014）。例如，在孩子生命早期表现出消极情绪的母亲其孩子往往就会表现得不那么听话，母亲对痛苦的反应可以预测孩子对他人痛苦的共情能力和道德敏感性（Davidov & Grusec, 2006）。最近的一项元分析研究结果显示，偏见和父母的态度密切相关，孩子们的态度与父母非常相似（Degner & Dalege, 2013）。有趣的是，他们还发现母亲和孩子的反肥胖态度之间存在着积极的联系；父母对肥胖者的偏见越深，孩子就越有可能把目光投向平均体重的人，并远离肥胖者。由此可见，孩子的道德敏感性与父母的总体态度之间的关系密切。Brownell, Svetlova, Anderson, Nichols 和 Drummond（2013）的研究发现，父母给18至30个月大的孩子读适合他们年龄的绘本，在需要复杂情感理解的任务中，如果他们的父母经常要求他们对书中描述的情感进行标注和解释，那么孩子就会表现得更好，这证明父母与孩子谈论情感话题与早期的道德敏感性有关。Drummond 等人（2015）通过两项任务来评估儿童的帮助行为：一项是工具性的帮助任务，另一项是基于情感的帮助任务，结果显示父母的情感和心理状态只与孩子基于情感的帮助行为有关，而与他们的工具性的帮助行为无关，对3至6岁儿童的研究也得到了类似结果（Rollo & Sulla, 2016）。

从以往的研究中可以发现家庭环境质量对儿童的亲社会行为及道德行为产生了重要作用，但有关家庭环境质量对道德敏感性如何产生作用的文献并不多。另外，以往研究所提及的家庭环境往往包括家庭氛围、教养方式等，对家庭环境的界定不够清晰，家庭环境质量中的亲密度、情感表达、矛盾性、独立性、成功性、知识性、娱乐性、道德观、组织性、控制性等因素对儿童道德敏感性产生怎样的作用也不明确，以往研究并没有对此做系统性分析。

1.3.6　社会经济地位（SES）

家庭社会经济地位（family social economic status）主要有三个指标：父母受教育程度、职业声望（阶层）和家庭收入（Baker, 2014）。很多研究发现，家庭社会经济地位会影响儿童认知能力和社会性发展（Brito & Noble, 2014）。

家庭社会资本理论（family social capital theory）、生态系统理论（ecological systems theory）和家庭压力模型（family stress model）为家庭社会经济地位如何影响儿童社会性发展提供了理论基础。家庭社会资本理论提出不同社会经济地位家庭提供给儿童的资本不同，导致儿童的教育和发展机会不同。家庭资本分为经济资本、社会资本和人力资本。父母通过与儿童的日常相处和监管，将其各种资本传递给儿童（Nokali, Bachman & Votruba-Drzal, 2010）。这种互动是家庭资源代际传递的桥梁，如果没有这种代际互动，父母就很难影响子女的成长，子女也难以获益于父母的经济资本、社会资本及人力资本。很多研究发现，家庭社会经济地位与儿童发展之间具有明显的“社会遗传”特性，不同社会经济地位的家庭传递给孩子的家庭资本不同，导致其子女可选择的教育机会和教育质量存在很大的差异，最终导致儿童发展水平出现差异。社会经济地位较高的家庭能给孩子提供良好的物质支持和教育资源，父母也期望孩子有好成绩和较高的综合能力，这也有利于儿童道德敏感性等社会性能力的发展。而低社会经济地位家庭给孩子提供的资源较少，迫于生计，父母很少关注孩子的情感世界，这对儿童道德敏感性的形成等社会性发展均有不利影响（Shaffer & Kipp, 2002）。

根据生态系统理论，家庭社会经济地位作为家庭环境成分之一，是预测儿童发展差异的重要指标（Hoff, Laursen & Bridges,2012）。生态系统理论认为家庭是距离儿童最近的微观系统，父母的态度和行为方式对儿童发展具有重大影响。社会经济地位较低的父母往往迫于生计，工作压力较大，精力受限，家庭—工作冲突比较突出，对孩子的情感支持和学习上的指导往往不够；而社会经济地位较高的家庭，父母经济压力会比较小，同时又有充足的时间、精力和孩子交流，会为他们的成长提供更多的物质和精神支持。还有研究发现，家庭收入并不直接影响儿童发展，相对而言，母亲受教育水平才是影响幼儿发展最有力的预测因素之一（Gonzalez, 2017），受教育水平会影响父母参与孩子成长的意愿，父母受教育水平越高，越愿意参与到孩子的日常活动中，伴其成长，而如果父母受教育水平较低的，则会更少参与孩子的教育活动，对孩子的影响会比较弱（Waanders, Mendez & Downer, 2007）。

家庭压力模型（family stress model）认为，家庭社会经济地位较低会影响家庭功能的实现和个体适应能力的提升，社会经济地位低的家庭其父母给予子女的关注更少，为子女提供的情感支持也更少（Sohr-Preston et al., 2013），子女出现发展方面问题的可能性更大（Masarik & Conger, 2017），与成长在高社会经济地位家庭的孩子相比，成长在低社会经济地位家庭的孩子会有更多的注意力不集中、退缩和攻击等问题行为（Van Oortet al. 2011）。在非完整和低社会经济地位家庭中，儿童具有问题行为的风险更高（Hurtig et al. 2007）。另外，社会经济地位会影响家庭中拥有的认知刺激物数量和品质，低社会经济地位家庭提供给儿童成长和发展的资源相对较少，而高社会经济地位家庭中的孩子则能获得多样化的外在有利资源（Garriga, Martínez-Lucena & Moreno, 2019）。

从以上的三个重要理论可以看出，家庭社会经济地位也是儿童社会性发展的重要预测因素（Reiss, 2013）。在社会经济地位较高的环境中成长的儿童表现出的社会能力更强，这种社会能力有助于儿童与他人建立积极的关系。

而在低社会经济地位的环境中长大的儿童会增加外化和内化行为（Letourneau et al. 2011）。实证结果也强调了社会经济地位对儿童问题行为的长期影响（Hosokawa & Katsura, 2017）。

通过对以往文献的梳理可以发现，有关社会经济地位对儿童社会性发展影响的研究比较多，但就道德敏感性而言，相关的文献并不多，同时从以往的研究中我们也可以发现社会经济地位对幼儿道德敏感性的影响极有可能是通过对家庭环境质量的作用而对幼儿道德敏感性发展产生间接作用，以往研究对家庭社会经济地位对道德敏感性的影响以及如何影响的作用机制并没有给予太多的关注，后期研究应该就此两个问题做进一步的探讨。

1.4　道德敏感性的测量

关于道德敏感性的测量，已有的相关量表主要有确定问题测验（DIT, DIT-2, Shawver & Sennetti, 2009），牙科医生伦理敏感性测验（DEST, Clarkeburn, 2002），适用于心理咨询行业的道德敏感性量表（Moral Sensitivity Scale, MSS），人际反应指针量表（IRT）的两个维度：观点采择，同情关心（Mulla & Krishnan, 2014），道德基础问卷（MFQ, Graham et al., 2011），《道德基础情境集》（Moral Foundations Vignettes, MFVs）以及大学生倾向性道德敏感性量表（郑信军, 2008）。这些问卷都是针对于成人，目前还没有一般性的适用于幼儿的道德敏感性测量工具。下面就几种比较常用的道德敏感性问卷做一介绍。

1.4.1　从确定问题测验到牙医伦理敏感性测验

Rest于1974年开发的确定问题测验（Defining Issues Test, 简称DIT）。其理论取向与MJI是一致的，要求被试选择哪些给定的理由最能表达他们对特定问题的道德判断。DIT会将道德两难问题呈现给被试，让被试做出两类反应，一类是重要性评定（5点记分），即让被试在两难道德问题进行判断时，对可能要考虑的12个问题进行评定，另一类是选择性问题，即在12个问题中按重要性程度选出做判断时最需考虑的4个问题。被试面对道德两难问题时所考虑的某种道德图式正好就会和某个DIT项目所唤醒的道德图式相对应。如果被试认为这个图式是重要的，对应的项目将会获得一个高的等级（Thoma, 2002）。DIT在道德心理研究方法上的进步为道德心理研究的提升提供了条件。DIT设计合理、记分客观，通过纸笔测验可以使因语言表达而造成的测量污染降到最低，测验的信度、效度也都比较理想（郭本禹，1994）。

然而，DIT 并没有从道德判断中分离出道德敏感性，倒是Bebeau（1982）等人研制出了一个专门用于测验牙科医生道德敏感性的工具（Dental Ethical Sensitivity Test, 简称 DEST或 EST）。这个测验主要用于研究牙科专业学生识别和解释医疗实践中的道德问题，包含四个发生在病人与医生之间的对话性情境短文。被试首先要听一段对话，并想象自己正扮演着现实中牙科医生的角色，对对话后的问题做出反应。然后，被试要接受一个访谈，主要测量三个道德敏感性成分：①对情境的解释；②提及行为后果信息的程度；③做出对他人思想、感受和理解等推论的程度。这些访谈被录音、编码，并在7个敏感性指标上做3点刻度的记分，作为测验牙科医生或学生道德敏感性的指标（郑信军，2008）。

1.4.2 Volker的道德敏感性量表

Volker（1985）在Bebeau 等人的牙科医生道德敏感性测验DEST的基础上，开发了一个相对比较完整的道德敏感性测量工具：道德敏感性量表（Moral Sensitivity Scale, 简称MSS），用于测量心理咨询人员的道德敏感性。Volker编制了四个心理咨询过程中，咨询人员与来访者会谈的短文，每个短文都隐隐藏着一些道德问题。当被试听完短文录音后，要对一系列探测性问题做出反应，他的回答将被录音、转换、编码并分析。这些探测性问题同样包含道德敏感性的三个成分：对会谈中与道德有关信息的察觉，对可能性后果的察觉，对某种行动的道德义务感。Volker根据这三个成分，编制了一个五级评定系统。等级1意味着被试没有报告与道德有关的任何信息。等级2

表示被试注意到了一个或更多的关键性道德问题，但没有把这些问题和潜在后果联系起来。等级3表示被试注意到了道德问题，但仅仅把这些问题与潜在的不利后果连接起来，不能拓展到其他重要他人或群体。等级4表示被试能注意到道德问题且能意识到其对他人的潜在不利后果，但没有直接、明确地体现出道德义务感。等级5表示被试能注意到道德问题，且能意识到对他人的潜在不利后果，并能采取行动以某种方式解决问题。

1.4.3　道德基础问卷

Haidt及其合作者编制了道德基础问卷（Moral Foundations Questionnaire, MFQ），该问卷共包括道德相关性（Moral Relevance）分量表和道德判断（Moral Judgments）分量表两个部分（Graham et al, 2011），前者列出了道德基础较为抽象的领域概念（例如“某人是否有不公平的行为”等），要求被试评估某人道德水平时，该人和每个项目的道德相关性，0表示完全不相关，5表示非常相关；后者用于测量被试对情境化的道德判断的赞同程度（例如“每个人都应该忠诚于自己的群体”等），0表示完全不同意，5表示完全同意。每个分量表都有关爱、公平、忠诚、权威和洁净五个维度，每个维度有6个项目，每个分量表各3个项目，共有30个项目，全部采用6点计分。该量表不仅可以测量个体对某个道德问题的观点，还能反映其对某领域道德内容的敏感性（张梦圆，苑明亮，寇彧，2016）。实证研究表明该量表具有良好的内部一致性，但在中国的适用性还有待进一步提升（Du, 2019）。

1.4.4　道德基础情境集

虽然MFQ已经被广泛验证(Graham et al., 2011)，但它的设计限制了它的适用范围。尤其是，MFQ很大程度上依赖于受访者对抽象原则的评分，而不是对具体场景的判断。学者们呼吁用更广泛的案例来探讨对与错的判断。同时，人们越来越关注情感对道德发展的影响，而解决情感和认知对道德发展影响，需要一个覆盖所有道德领域的有效的、标准化的道德违反情境集。Clifford等人（2015）开发了一套标准化的道德基础情境问卷（Moral

Foundations Vignettes, MFV），每个情境描绘了一种违反特定道德基础的行为，这些小情境在句法结构、情境描述的格式、内容、单词和字符长度、可理解性等多个维度上进行了严格控制，使其适合于神经成像和行为研究。MFV由90个情境组成，每个情境都是对违反特定道德基础行为的简短描述。MFV超越了现有的道德发展测量方法，提供了大量的情境，代表了具体的道德违规行为，将每个情境分类成特定的道德基础，MFV为每个道德基础都建立了大量的情境，为学者们提供了一套符合他们研究需要的道德基础情境集。被试对这些情境无论是生理上的还是行为上的反应一定程度上反映了他们在不同领域的道德敏感性。

1.4.5 道德敏感性测量中的问题

道德敏感性测量工具的缺乏，限制了道德敏感性研究，尤其是限制了儿童道德敏感性发展研究的深入开展。由于没有合适的研究工具，人们甚至通过共情、观点采择等测量工具来测量个体的道德敏感性。虽然共情、观点采择等和道德敏感性存在着密切的关系，但两者在概念上并不相同，并不能代表道德敏感性的全部涵义（Jordan，2007）。另外，已有的道德敏感性测量工具大多都只针对于诸如医疗、商业、心理咨询等特殊职业领域，并没有形成一个一般性的测量工具，而理论和实证研究都表明，具体问题情境会影响道德敏感性（Sirin et al.,2003）。那么开发一种包含各领域道德情境的一般性道德敏感性测量工具就显得很有必要。如果没有有效的结构良好的测量工具，研究人员就无法展开研究，以揭示影响道德敏感性的情境和个体差异，或确定道德敏感性与相关概念之间的关系（Jordan，2007）。因为在道德行为产生的过程中，个体识别道德问题的能力处于中心地位（Jones, 1991; Rest, 1986; Sparks & Hunt, 1998; Trevino & Brown, 2004），道德敏感性值得那些对道德行为的理论和实践方面都感兴趣的研究人员进行更深入的探究（Jordan, 2007）。

以往道德敏感性研究主要是从不同职业/行业领域展开的，这显然没有涉及道德的核心内容，道德基础理论提出的五个道德领域基本涵盖了人类在进化过程中形成的所有道德内容（关爱/伤害、公平/欺骗、忠诚/背叛、权威/颠覆、圣洁/堕落），五领域道德基础各自具有不同的心理系统，它们是人类在进化过程中自动形成的，具有广泛的文化基础，尽管不同社会文化中具体的道德（美德）千差万别，但大都是建立在五领域道德基础上的（Haidt, 2001）。对于一般性道德敏感问卷的编制如果能依据道德基础理论的内容框架进行，那么编制出来的道德敏感性问卷一定会有更广的适用性。

第二章 问题提出与研究假设

2.1 问题的提出

通过上述对道德敏感性研究文献的回顾和梳理发现，道德敏感性是道德心理研究中一个相对较新的领域。四成分模型奠定了道德敏感性的理论基础，并在此理论框架下对道德敏感性进行了大量的理论和实证研究，得出了很多有意义的结论，但却很少涉及幼儿。道德基础理论提出道德至少包括关爱/伤害、公平/欺骗、忠诚/背叛、权威/颠覆、圣洁/堕落五个方面的内容，已有研究从这五个方面对幼儿道德发展进行了比较广泛的研究，但却很少以道德敏感性为切入点进行系统研究。造成这一研究困境的原因有两方面，一方面可能是因为已有研究对道德敏感性的定义不够明确，在道德内容方面缺乏统一的理论体系，导致研究结果比较零散，难以形成统一的结论；另一方面可能是因为缺乏针对幼儿的有效测量工具，限制了幼儿道德敏感性研究的展开。因此，要对道德敏感性进行全面考察，就必须从其概念结构和道德内容两方面进行考量，本研究将基于四成分模型提出的道德敏感性概念和道德基础理论提出的道德领域分类，来探究幼儿五领域道德敏感性的发展特点，并在生态系统理论框架下探讨影响幼儿道德敏感性发展的个体因素和环境因素的交互作用机制，这不仅有助于我们对道德敏感性的认识，更有助于我们对不同领域道德发展过程的理解。基于此，本研究将提出并试着去解决以下三个方面问题。

第一，幼儿道德敏感性的测量。道德敏感性是道德行为发生的前提条件，幼儿道德发展起始于道德敏感性的获得，以往的研究虽然已经开发了一系列道德敏感性的测量工具，但都针对成人群体，针对幼儿的道德敏感性的测量工具还没有开发出来。另外，以往道德敏感性问卷的内容效度不高，基本都集中在某个行业，并不能反映出个体整体道德敏感性发展的一般情况。因此，如何开发出既能体现幼儿道德敏感性发展的阶段性，又能包括比较全面的道德内容的适合幼儿作答的问卷就成为当下亟待解决的一个问题，同时也是后续研究展开的一个先决条件。

第二，不同领域幼儿道德敏感性的发展特点。道德认知发展心理学家目前就关爱和公平这两个个体化道德内容的发展过程给出了相对明确的理论描述，然而忠诚、权威、洁净这三个联结性道德领域的发展过程仍不清晰。另外，以往对幼儿道德发展的研究都是从理性主义出发基于认知发展的考虑，并通过道德判断的形式进行的，然而，现在越来越多的研究表明道德发展是认知和情感共同作用的结果，在这种共同作用之下每一种道德领域的发展特点是怎样的？这些问题还需要进一步探讨。

第三，幼儿道德敏感性发展的影响因素作用机制探析。根据生态系统理论可知，个体道德系统的形成与发展依赖于个体因素和环境因素的共同作用，四成分模型强调认知和情绪在道德敏感性发展中的作用，因此，在个体因素中，心理理论、情绪理解、共情、气质等因素可能对道德敏感性的发展产生重要影响，环境因素中家庭作为环境嵌套中的一个微观系统对道德敏感性也具有重要影响，其中社会经济地位、家庭环境质量是最重要的两个变量，这些因素对幼儿道德敏感性的影响是怎样的，其交互作用是怎样的，目前还不得而知，我们有必要就个体性因素和环境因素对幼儿道德敏感性发展的作用机制进行探讨。

2.2　研究的构思、内容与假设

2.2.1　研究目标

1.编制幼儿道德敏感性情境问卷；

2. 揭示幼儿五领域道德敏感性发展的特点；

3. 探析幼儿道德敏感性发展的主要影响因素及其作用机制。

2.2.2 研究思路

本研究在参阅了大量文献和相关研究的基础上，编制符合幼儿特点的幼儿道德敏感性情境问卷，来考察我国幼儿五领域道德敏感性发展的特点，探索影响幼儿道德敏感性发展的个体因素和环境因素以及它们之间的交互作用机制。具体研究框架如下图1所示：

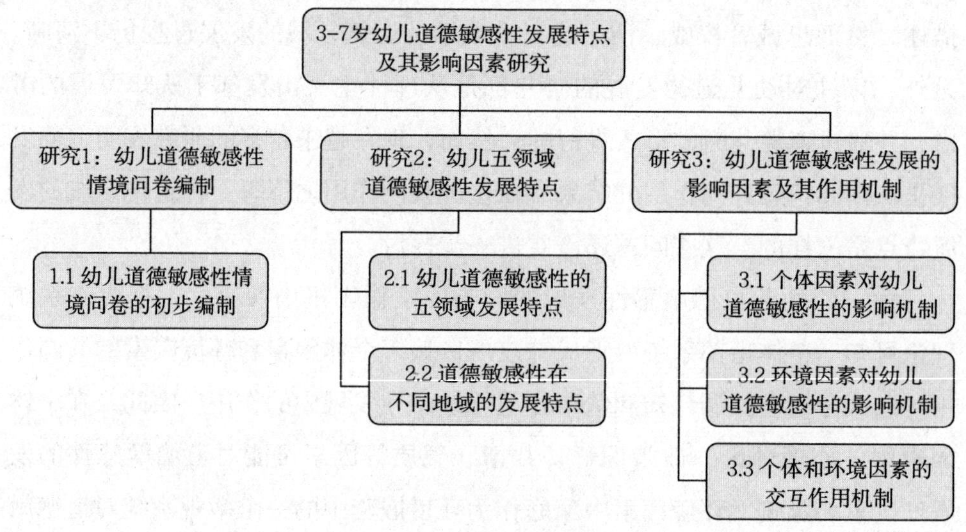

图1　研究框架

2.2.3 研究内容

研究一：幼儿道德敏感性情境问卷的编制

幼儿道德敏感性情境问卷是在借鉴道德基础情境问卷（Moral Foundation Vignettes, MFV）的基本框架和项目编制要求的基础上进行编制的，道德基础情境集主要是为研究在违反不同领域道德规则时所激活的相应脑区和相关生理及行为反应而编制的，该问卷信效度良好（Clifford,Iyengar, Cabeza & Sinnott-Armstrong, 2015），但题目多达90项，且很多情境并不适合幼儿，因此，本问卷主要借鉴了道德基础情境问卷的基本指标体系和框架，同时在项目初选时也借鉴了该问卷中的15个题项，对其内容做了调整，使其表达更加精炼，情境内容更加贴近幼儿日常生活，其他题项均为研究者自编。本研究将依据问卷编制的基本程序，首先制定项目编制要求，编制尽可能多的题项，再通过项目分析筛选项目，最后通过试测检验其信效度，直到最后确定正式问卷。

研究二：幼儿道德敏感性发展特点

（1）五领域道德敏感性发展特点

道德基础理论任务关爱、公平、忠诚、权威、圣洁是道德的五个主要领域，它们具有不同的心理系统，是人类在进化过程中自动形成的，具有广泛的文化基础（Graham et al., 2011），很多研究都证实它们具有各自的领域特异性。对于幼儿而言，这五个领域的道德敏感性发展必然也会有各自的特点，但以往并没有对此做出系统性的研究，本研究将从这五个领域分别就它们的发展特点进行探讨，以期能对其有一个全面系统的认识。

（2）不同地域幼儿道德敏感性发展特点

道德基础理论提出道德发展具有可塑性特征，主要体现为不同的文化环境对道德发展具有不同的影响，我国城乡之间的差异主要体现为文化层面的差异，这种差异自然也会对幼儿道德敏感性发展产生影响，基于此，本研究选取了城市中心，城市郊区、农村三个不同地域的约1300名幼儿作为被试展开调查，考察幼儿道德敏感性发展的地域特点。

研究三：幼儿道德敏感性发展的主要影响因素及其作用机制研究

本研究将以生态系统理论为指导从影响幼儿品德发展的个体因素（心理理论、情绪理解、共情、气质）和环境因素（家庭环境质量，社会经济地位）来探测它们对幼儿道德敏感性发展的影响，以及它们之间的交互作用机制。包括三部分内容。

（1）个体因素对道德敏感性发展的影响

基于四成分模型中强调认知和情感同时对道德敏感性产生作用的考虑，本部分将体现认知的心理理论、体现情感的情绪理解以及体现认知和情感共同作用的共情这三个个体因素对幼儿道德敏感性的影响，通过构建结构方程模型来探讨这三个个体因素共同对幼儿道德敏感性的交互作用机制。

（2）环境因素对道德敏感性发展的影响

基于道德基础理论强调的道德发展可塑性特征的考虑，本部分将主要探讨社会经济地位、家庭环境质量这两个主要环境因素对幼儿道德敏感性的影响，由于共情被认为和道德敏感性有密切关系，甚至有研究通过共情工具测试道德敏感性，因此社会经济地位、家庭环境质量极有可能通过共情对道德敏感性产生作用，有必要通过构建结构方程模型来探测这3个变量对幼儿道德敏感性发展的交互作用机制。

（3）个体因素和环境因素对道德敏感性的交互作用

根据生态系统理论个体的发展依赖于个体因素和环境因素的共同作用，差别易感模型是这一理论的一种体现，它认为环境对个体发展的影响受到个体易感性因素的调节（Belsky et al., 2007）。本研究中，家庭环境质量对幼儿道德敏感性的影响极有可能会受到幼儿气质的调节，然而，家庭环境质量中有哪些因子会受到气质中哪些因子的调节，还不清楚，这将是本研究需要揭示的主要内容。

2.3 研究意义

2.3.1 理论意义

道德敏感性是道德行为发生的心理初始成分，是对情境的道德觉察与解释，即对情境中道德内容的觉察及对行为可能如何影响别人的意识，反映了道德认知和道德情感的相互作用。道德发展始于道德敏感性的获得，幼儿对不同领域道德内容的认同、内化，以及最后在行为上的体现，都离不开对不同领域道德内容的感性认识和经验的获得，然而，以往对道德发展的研究一方面仅从认知的角度进行研究，忽视了道德发展中情感的作用，这导致道德“知行不一”问题的出现。另一方面，对道德内容的研究多数也仅停留在关爱和公平领域，忽视了对其他道德领域的研究，这导致我们对忠诚、权威、圣洁领域幼儿道德敏感性的发展特点知之甚少。四成分模型提出的道德敏感性概念明确了道德形成过程的内在逻辑性（Rest, 1984），为“知行统一”提供了一种理论上的解释途径，道德基础理论提出的“关怀/伤害，公平/欺骗，忠诚/背叛，权威/颠覆，圣洁/堕落”五个道德领域丰富了道德内容（Haidt, 2001），让人们对道德的认知更加全面。从道德内容展开对幼儿道德敏感性发展的研究，探索其不同的发展轨迹，揭示其主要影响因素的作用机制，这不仅可以了解幼儿不同领域道德敏感性的发展特点，还可以为个体的道德发展提供更深入、更全面的理论解释。

2.3.2　现实意义

德育在整个教育过程中被放在了非常重要的位置，国家向来非常重视。本研究通过对幼儿不同领域道德敏感性发展特点以及相关影响因素作用机制的研究，不仅可以揭示个体道德的形成过程和发展规律，还可以为学前阶段的道德教育提出更加充分、有效、具体的建议。

第三章　幼儿道德敏感性情境问卷编制

3.1　幼儿道德敏感性的结构分析

道德敏感性(moral sensitivity)是道德行为发生之前逻辑上的心理初始成分，是对情境的道德领悟与解释（Rest, 1984），表现为个体对情境中道德内容的觉察以及对这种行为如何影响别人的意识，反映了道德认知和道德情感之间的相互作用。Narvaez将其分为道德觉察（moral perception）和道德解释（moral interpretation）两个存在着逻辑上先后顺序性的成分。前者主要是对“有没有”的道德问题的感受，后者则涉及对“是什么”“怎么样”的道德问题的理解。对这个概念的性质和内涵的理解存在能力观和经验观等不同观点；该概念也常操作化为道德觉察、道德意识、后果意识、确认道德问题等。在Lützén看来，道德敏感性包含着情绪、情感、知识和技能，而非一种简单的认知能力。

关于道德敏感性生成机制的讨论主要分为情绪观和认知观。情绪观认为人们对社会情境进行认知编码之前首先被唤起的是强烈的情绪，往往以直觉的形式表现出来。道德直觉被认为是道德敏感性的形式之一，它与缓慢的、受意识控制的道德推理相比，快速而自动化，不需要太多的注意资源。与过程相比，结果才是它的重要体现；与事后抽象推理依赖于情境相比，直觉依赖于情境。认知观则主要依据道德图式理论，认为儿童头脑中道德图式的数量和质量决定着儿童道德敏感性，对情境中道德主题理解以及经验对儿童道德敏感性的发展产生重要作用。一个道德敏感性高的个体，会有更多复杂和精细的道德图式，可以被一些情景或诱因通过高度自动化的方式激活。越来越多的研究发现道德敏感性是道德认知和道德情感相互作用的结果，这一结论也逐渐被人们接受。

以往研究发现，不仅道德领域和非道德领域存在不同，不同的道德领域之间也是不同的，这在以往的道德脑神经研究方面得到了很好验证(Moll et al., 2002)。最近的一些研究发现身体伤害的道德违规行为的神经反应，不同于圣洁维度方面，如乱伦、罪孽和感染(Parkinsonet al., 2011)。一些人认为厌恶会导致更严厉的道德判断，(Eskine, Kacinik & Prinz, 2011; Pizarro, Inbar & Helion, 2011)但也有研究认为厌恶可能只会影响神圣领域的判断(Horberg, Oveis, Keltner & Cohen, 2009)。正如Horberg等人(2009)所指出的，由于缺乏一套标准化的道德基础情景，因此很难确定情绪和认知在不同道德领域中的具体影响。FMRI证据也指出，道德是一个非统一的结构，大脑中有明确的区域来判断厌恶、诚实和基于伤害的违反行为等(Parkinson et al., 2011)，缺乏有效的测量工具是影响道德发展研究和对道德基础理论进行检验的最大障碍。

基于以往的研究基础，本研究从道德敏感性的基本概念入手来厘清道德敏感性的结构。首先，道德敏感性是对道德问题的敏锐觉察与解释能力，那么编制的测量工具就要既能测试幼儿对道德问题的觉察能力，又能测试其评价和解释能力且要体现出觉察能力和解释评价能力的连续性。其次，道德敏感性是对情境的道德领悟与解释（Rest, 1984），那么情境就是非常重要的一个变量，以往研究都是从不同职业/行业领域对道德敏感性进行研究，这显然没有深入到道德的核心内容，道德基础理论提出的五个道德领域基本涵盖了人类在进化过程中形成的道德内容，幼儿道德敏感性的发展至少应该在这五个领域上有所体现。所以，道德敏感性应该是在这五个主要道德领域中体现出的觉察和解释能力。

综合以上分析，我们将幼儿道德敏感性的结构维度初步确定为以下五个方面：

（1）关爱/伤害敏感性：对三种伤害行为情境（情感伤害、身体伤害、动物伤害）的道德觉察和评价；

（2）公平/欺骗敏感性：对不公平和欺骗行为情境的道德觉察和评价；

（3）忠诚/背叛敏感性：对不忠诚和背叛行为情境的道德觉察和评价；

（4）权威/颠覆敏感性：对不尊重权威行为情境的道德觉察和评价；

（5）圣洁/堕落敏感性：对两种（不洁、不伦）违反圣洁的行为情境的道德觉察和评价。

3.2 项目筛选

3.2.1 项目初选

本研究开发的幼儿道德敏感性情境问卷是在道德基础情境问卷（Moral Foundation Vignettes, MFV）的基础上编制的，道德基础情境问卷主要是为人们研究在违反不同领域道德规则时所激活的相应脑区和相关生理反应而编制的，该问卷信效度良好（Clifford,Iyengar, Cabeza & Sinnott-Armstrong, 2015），但题目多达90项，且很多情境并不适合幼儿，因此，本问卷主要借鉴了道德基础情境问卷的基本指标体系和框架，初始问卷共编制了80个题项，其中借鉴了道德基础情境问卷中的15个题项，对其内容做了调整，使其表达更加精炼，情景内容更加贴近幼儿日常生活，其他65个题项为研究者自编。因为道德直觉被认为是在小群体的社会互动中进化而来的，所以我们把情境的内容集中在日常生活中可能发生的事件上，尽可能让编制的情境多样一点，而不只是相似内容的简单重复，同时也要保证这些情境具有各自领域的典型代表性。项目的编制遵循了Sparks和Hunt（1998）的建议，他们认为列出的场景必须满足一些基本的要求，以有效地度量道德敏感性。这些要求包括简洁、现实、无意启动的最小可能性，以及场景中没有其他的道德问题。基于他们的建议，所有题项编制的基本要求有：①每个情境描述的必须是具体行为情境，不能出现幼儿不易理解的抽象概念；②每个情境只能反映出唯一的道德领域内容；③每个情境确实违反了特定领域中的道德规范；④每个情境是幼儿日常生活中熟悉的内容，适合幼儿作答；⑤对每一种情境的描述控制在25

个字以内；⑥句式结构控制，每个情景的描述都以第三方的方式如“有一个同学……”进行描述，一方面可以防止因为句式结构不同给道德敏感性的测量造成污染，另一方面因为只关注对第三方的道德违规的觉察和评价，可以避免因为不同角色卷入道德赞许（Wiltermuth, Monin & Chow, 2010）、框架效应（梁凤华, 段锦云, 2018）等因素对测量效度造成影响，同时，这种结构确保了被试能够想象出有第三者实施了违规行为，这可以诱发被试产生相应的情绪和行为反应（Cannon, Schnall & White, 2011）；⑦句意难度控制，对每个情景句意的可理解性进行评价，最终让每个维度题项的句意难度基本一致。

下面我们将详细介绍编制每个领域道德敏感性情境的具体指导原则：

在关爱/伤害上，我们关注了三种形式的伤害，它们反映了关爱最初概念的多样性：对人类的情感伤害、对人类的身体伤害和对非人类的动物的身体伤害。这种划分得到了FMRI研究的支持，研究表明，在道德或非道德情境中引入身体伤害，可以影响特定大脑区域的神经活动水平（Heekeren et al.，2005）。我们还尽量避免出现长辈对孩子惩罚的情境，这可能会引发权威因素的出现。

公平的情境集中在糖果分配的例子上（例如，小花在教室里发礼物时，给小红发了2个，给小芳发了3个）。我们排除了熟人影响，避免涉及可能引发忠诚的情境。此外，我们还试图避免出现不服从上级的情况，这可能会引发权威因素的影响。我们避免涉及性别、个体特征等变量出现在情境中，因为有关欺负行为的研究发现，儿童会更倾向于欺负和自己个体特征不同的人，我们担心这些情况会对公平产生影响。

对忠诚的侵犯包括个人将自己的利益置于群体之上，幼儿群体主要定义为班级。在我们的测试过程中，我们制定了三种有效违反忠诚的行为准则：情境中的参与者被视为群体的成员，对自己所在的群体进行负性评价，在竞争性活动中对外部群体进行正性评价。这种对忠诚的描述比道德基础理论中对忠诚的描述范围要窄一些，但是我们想通过这种方式避免和关爱伤害等道德情境的混淆。

对权威的侵犯主要包括对传统权威人物（老师或家长）的不服从或不尊

重。我们没有涉及其他的权威人物，因为在幼儿的生活中老师和家长是最重要、最常见的两类权威人物。

圣洁违反行为主要包括性越轨行为（乱伦），以及引起污染或厌恶的行为（在公共泳池小便，使用陌生人的牙刷）。针对幼儿我们只设计了简单的伦理问题（如亲哥哥和亲妹妹结婚了等）此外，为了避免和伤害领域道德内容的混淆，我们并没有使用比较经典的厌恶情景，比如吃死了的宠物狗（Haidt, Koller，1993）。为了避免和权威领域道德内容的混淆，我们也没有用比较经典的用国旗擦卫生间的情景（Haidt, 2013）。

在以上项目编制要求和具体的领域题项编制原则的框定下，我们初步编制了80个违反道德的题项和5个违反习俗的题项。这80个题项分别是关爱/伤害维度共27个题项（情感伤害A1—A12, 动物伤害B1—B8，身体伤害C1—C7），公平/欺骗维度共10个题项（D1—D10），忠诚/背叛维度共15个题项（E1—E15），权威/颠覆维度共14个题项（F1—F14），圣洁/堕落维度共14个题项（洁净G1—G9，伦理H1—H5），最后，我们还编制了5个违反社会习俗规范的情景（I1—I5），这些情境中个体的行为是不符合习俗规范的，但却并非不道德的。我们通过这些社会习俗情景和道德情景进行对比，一方面可以了解幼儿是否能够区别社会习俗和道德，另一方面也可以检验我们编制的道德题项是否有不同于习俗的显著差异。这种对非道德条件的控制在涉及道德判断的神经机制研究中也经常使用（Parkinson et al., 2011）。

3.2.2 领域典型性分析

我们将80个初编项目和5个习俗项目随机打乱，让50位心理学专业研究生对这85个题项道德违规的领域典型性进行判断选择，具体操作过程是首先让被试认真阅读这五个道德领域的涵义，然后让被试将每个题项归入不同的道德领域，获得有效问卷45份。剔除不确定选项超过20%的13个项目（E1、E5、E8、E10、E14；G2、G3、G4、G5；H2、H3、H4、H5）；剔除预期选项低于70%的10个项目（E3、E9、E12、E13；F3、F4、F5、F6、F14；H1）；剔除非预期选项高于10%的7个项目（B3、B8；D6、D8；E4；

F7、F11）；共剔除30个项目，剩余55个项目，每个题项的具体选择情况如表1所示。值得一提的是我们之前设想的圣洁维度中伦理子维度的5个项目全部被剔除了，这说明，一方面我们提出的圣洁领域的伦理维度的理论基础还需要进一步考证，另一方面也说明这一子维度在实际操作中存在很大的难度，尤其在有关幼儿的研究中很难实施。

表1 初选项目道德领域典型性分析表

项目	关爱 / 伤害	公平 / 欺骗	忠诚 / 背叛	权威 / 颠覆	圣洁 / 堕落	不确定
A1	42(93.33%)	0(0%)	0(0%)	1(2.22%)	2(4.44%)	0(0%)
A2	38(84.44%)	0(0%)	3(6.67%)	0(0%)	1(2.22%)	3(6.67%)
A3	37(82.22%)	4(8.89%)	1(2.22%)	2(4.44%)	1(2.22%)	0(0%)
A4	42(93.33%)	2(4.44%)	0(0%)	1(2.22%)	0(0%)	0(0%)
A5	36(80%)	2(4.44%)	1(2.22%)	0(0%)	0(0%)	6(13.33%)
A6	39(86.67%)	0(0%)	1(2.22%)	1(2.22%)	3(6.67%)	1(2.22%)
A7	42(93.33%)	1(2.22%)	0(0%)	1(2.22%)	0(0%)	1(2.22%)
A8	41(91.11%)	1(2.22%)	1(2.22%)	0(0%)	1(2.22%)	1(2.22%)
A9	36(80%)	3(6.67%)	2(4.44%)	0(0%)	0(0%)	4(8.89%)
A10	40(88.89%)	1(2.22%)	1(2.22%)	1(2.22%)	1(2.22%)	1(2.22%)
A11	40(88.89%)	2(4.44%)	1(2.22%)	0(0%)	1(2.22%)	1(2.22%)
A12	40(88.89%)	2(4.44%)	1(2.22%)	1(2.22%)	0(0%)	1(2.22%)
B1	38(84.44%)	1(2.22%)	2(4.44%)	0(0%)	4(8.89%)	0(0%)
B2	37(82.22%)	2(4.44%)	2(4.44%)	1(2.22%)	1(2.22%)	2(4.44%)
B3	36(80%)	0(0%)	2(4.44%)	0(0%)	6(13.33%)	1(2.22%)
B4	39(86.67%)	0(0%)	1(2.22%)	1(2.22%)	2(4.44%)	2(4.44%)
B5	40(88.89%)	0(0%)	2(4.44%)	1(2.22%)	1(2.22%)	1(2.22%)
B6	43(95.56%)	0(0%)	0(0%)	0(0%)	2(4.44%)	0(0%)
B7	37(82.22%)	1(2.22%)	4(8.89%)	1(2.22%)	0(0%)	2(4.44%)
B8	34(75.56%)	1(2.22%)	6(13.33%)	0(0%)	3(6.67%)	1(2.22%)
C1	41(91.11%)	1(2.22%)	1(2.22%)	0(0%)	0(0%)	2(4.44%)
C2	41(91.11%)	0(0%)	2(4.44%)	1(2.22%)	1(2.22%)	0(0%)
C3	40(88.89%)	2(4.44%)	1(2.22%)	0(0%)	1(2.22%)	1(2.22%)
C4	41(91.11%)	0(0%)	3(6.67%)	0(0%)	0(0%)	1(2.22%)
C5	39(86.67%)	2(4.44%)	0(0%)	1(2.22%)	1(2.22%)	2(4.44%)
C6	39(86.67%)	1(2.22%)	2(4.44%)	1(2.22%)	0(0%)	2(4.44%)
C7	39(86.67%)	1(2.22%)	2(4.44%)	0(0%)	3(6.67%)	0(0%)
D1	4(8.89%)	37(82.22%)	1(2.22%)	1(2.22%)	0(0%)	2(4.44%)
D2	4(8.89%)	37(82.22%)	2(4.44%)	1(2.22%)	0(0%)	1(2.22%)

续表 1

项目	关爱 / 伤害	公平 / 欺骗	忠诚 / 背叛	权威 / 颠覆	圣洁 / 堕落	不确定
D3	1(2.22%)	41(91.11%)	2(4.44%)	0(0%)	1(2.22%)	0(0%)
D4	4(8.89%)	39(86.67%)	0(0%)	0(0%)	0(0%)	2(4.44%)
D5	2(4.44%)	36(80%)	1(2.22%)	4(8.89%)	0(0%)	2(4.44%)
D6	5(11.11%)	35(77.78%)	2(4.44%)	1(2.22%)	0(0%)	2(4.44%)
D7	0(0%)	39(86.67%)	2(4.44%)	0(0%)	1(2.22%)	3(6.67%)
D8	6(13.33%)	37(82.22%)	1(2.22%)	1(2.22%)	0(0%)	0(0%)
D9	3(6.67%)	34(75.56%)	2(4.44%)	4(8.89%)	1(2.22%)	1(2.22%)
D10	0(0%)	42(93.33%)	1(2.22%)	0(0%)	1(2.22%)	1(2.22%)
E1	13(28.89%)	1(2.22%)	18(40%)	2(4.44%)	0(0%)	11(24.44%)
E2	2(4.44%)	2(4.44%)	33(73.33%)	1(2.22%)	0(0%)	7(15.56%)
E3	2(4.44%)	3(6.67%)	30(66.67%)	1(2.22%)	3(6.67%)	6(13.33%)
E4	5(11.11%)	1(2.22%)	35(77.78%)	1(2.22%)	0(0%)	3(6.67%)
E5	3(6.67%)	2(4.44%)	30(66.67%)	1(2.22%)	0(0%)	9(20%)
E6	2(4.44%)	2(4.44%)	35(77.78%)	2(4.44%)	0(0%)	4(8.89%)
E7	4(8.89%)	2(4.44%)	35(77.78%)	0(0%)	0(0%)	4(8.89%)
E8	2(4.44%)	2(4.44%)	28(62.22%)	2(4.44%)	0(0%)	11(24.44%)
E9	28(62.22%)	2(4.44%)	11(24.44%)	1(2.22%)	1(2.22%)	2(4.44%)
E10	2(4.44%)	3(6.67%)	30(66.67%)	1(2.22%)	0(0%)	9(20%)
E11	2(4.44%)	2(4.44%)	37(82.22%)	0(0%)	1(2.22%)	3(6.67%)
E12	4(8.89%)	1(2.22%)	30(66.67%)	2(4.44%)	0(0%)	8(17.78%)
E13	3(6.67%)	3(6.67%)	30(66.67%)	1(2.22%)	0(0%)	8(17.78%)
E14	1(2.22%)	1(2.22%)	27(60%)	2(4.44%)	2(4.44%)	12(26.67%)
E15	2(4.44%)	2(4.44%)	32(71.11%)	1(2.22%)	0(0%)	8(17.78%)
F1	2(4.44%)	1(2.22%)	3(6.67%)	32(71.11%)	1(2.22%)	6(13.33%)
F2	2(4.44%)	0(0%)	1(2.22%)	37(82.22%)	0(0%)	5(11.11%)
F3	4(8.89%)	2(4.44%)	4(8.89%)	31(68.89%)	0(0%)	4(8.89%)
F4	7(15.56%)	0(0%)	1(2.22%)	27(60%)	2(4.44%)	8(17.78%)
F5	1(2.22%)	0(0%)	9(20%)	26(57.78%)	8(17.78%)	1(2.22%)
F6	12(26.67%)	1(2.22%)	1(2.22%)	28(62.22%)	1(2.22%)	2(4.44%)
F7	3(6.67%)	5(11.11%)	1(2.22%)	32(71.11%)	1(2.22%)	3(6.67%)
F8	2(4.44%)	0(0%)	3(6.67%)	36(80%)	1(2.22%)	3(6.67%)
F9	1(2.22%)	1(2.22%)	3(6.67%)	35(77.78%)	0(0%)	5(11.11%)
F10	4(8.89%)	1(2.22%)	1(2.22%)	36(80%)	2(4.44%)	1(2.22%)
F11	2(4.44%)	5(11.11%)	1(2.22%)	32(71.11%)	2(4.44%)	3(6.67%)
F12	3(6.67%)	0(0%)	1(2.22%)	38(84.44%)	1(2.22%)	2(4.44%)
F13	3(6.67%)	1(2.22%)	1(2.22%)	37(82.22%)	1(2.22%)	2(4.44%)
F14	8(17.78%)	1(2.22%)	3(6.67%)	31(68.89%)	0(0%)	2(4.44%)
G1	3(6.67%)	2(4.44%)	1(2.22%)	0(0%)	32(71.11%)	7(15.56%)

续表2

项目	关爱 / 伤害	公平 / 欺骗	忠诚 / 背叛	权威 / 颠覆	圣洁 / 堕落	不确定
G2	6(13.33%)	0(0%)	2(4.44%)	1(2.22%)	24(53.33%)	12(26.67%)
G3	1(2.22%)	1(2.22%)	0(0%)	4(8.89%)	30(66.67%)	9(20%)
G4	12(26.67%)	0(0%)	0(0%)	0(0%)	21(46.67%)	12(26.67%)
G5	4(8.89%)	2(4.44%)	1(2.22%)	3(6.67%)	25(55.56%)	10(22.22%)
G6	4(8.89%)	2(4.44%)	0(0%)	0(0%)	32(71.11%)	7(15.56%)
G7	1(2.22%)	2(4.44%)	0(0%)	2(4.44%)	38(84.44%)	2(4.44%)
G8	3(6.67%)	0(0%)	1(2.22%)	1(2.22%)	39(86.67%)	1(2.22%)
G9	4(8.89%)	3(6.67%)	1(2.22%)	0(0%)	33(73.33%)	4(8.89%)
H1	3(6.67%)	0(0%)	0(0%)	7(15.56%)	29(64.44%)	6(13.33%)
H2	2(4.44%)	3(6.67%)	3(6.67%)	7(15.56%)	6(13.33%)	24(53.33%)
H3	2(4.44%)	2(4.44%)	0(0%)	10(22.22%)	8(17.78%)	23(51.11%)
H4	2(4.44%)	2(4.44%)	1(2.22%)	9(20%)	12(26.67%)	19(42.22%)
H5	3(6.67%)	0(0%)	2(4.44%)	8(17.78%)	13(28.89%)	19(42.22%)
I1	1(2%)	0(0%)	0(0%)	7(0%)	1(2%)	43(96%)
I2	1(2%)	0(0%)	0(0%)	1(2%)	1(2%)	41(94%)
I3	1(2%)	0(0%)	0(0%)	0(0%)	1(2%)	43(96%)
I4	1(2%)	0(0%)	0(0%)	1(2%)	0(0%)	42(96%)
I5	0(0%)	0(0%)	0(0%)	1(2%)	1(2%)	42(96%)

3.2.3　项目语义难度分析

幼儿对比较复杂的话语还不能完全理解，为了防止因为对情境描述的语义难度不同给道德敏感性的测量造成污染，我们在领域典型性分析之后对剩余的这55个项目进行了语义难度分析。让192名已经在幼儿园实习了半年以上的学前教育专业的大学生对剩余55个项目的幼儿可理解性进行5点评分，0表示非常容易理解，1表示比较容易理解，2表示难度适中，3表示比较难理解，4表示非常难理解，共获得有效问卷181份，根据理解性难度剔除理解难度显著高于平均值（M=2.05, P<0.05）的4个项目（A4、A6, D3、D9），剩余51个项目。

表2　项目语义难度分析

项目	理解性	项目	理解性	项目	理解性	项目	理解性
A1	2.01	B4	2.22	D4	2.05	F10	2.04
A2	2.01	B5	2.09	D5	2.1	F12	2.28

续表

A3	2.13	B6	2.18	D7	2.01	F13	2.09
A4	2.38	B7	2.07	D9	2.4	G1	2.02
A5	1.85	C1	2.3	D10	2.44	G6	2.12
A6	2.39	C2	2.25	E2	2.18	G7	2.23
A7	2.12	C3	2.14	E6	2.09	G8	2.07
A8	2.16	C4	2.07	E7	2.12	G9	2.38
A9	2.16	C5	2.16	E11	2.15	I1	2.01
A10	2.04	C6	2.31	E15	2.16	I2	2.12
A11	2.17	C7	2.12	F1	1.73	I3	2.13
A12	2.12	D1	2.09	F2	1.6	I4	2.01
B1	2.13	D2	2.29	F8	1.86	I5	1.98
B2	2.16	D3	2.46	F9	1.6		

3.2.4 道德违规严重性分析

为了确定每个项目是否真的存在道德违规，我们让332位大学生对剩余的46个项目和5个习俗项目的道德违规严重性进行了评定，0表示没有违规，1表示不严重，2表示有点严重，3表示比较严重，4表示非常严重。结果每个项目得分与习俗的平均值0.2相比（Clifford，Iyengar，Cabeza & Sinnott-Armstrong，2015），都具有显著的道德违规性（$P<0.01$）。见表3。

表3 道德违规严重程度分析

项目	严重性	项目	严重性	项目	严重性	项目	严重性
A1	2.43	B5	2.71	D5	2.26	F12	2.8
A2	2.71	B6	3.05	D7	2.22	F13	2.7
A3	3.17	B7	2.92	D10	3.13	G1	1.9
A5	2.22	C1	3.06	E2	1.84	G6	2.55
A7	3.54	C2	3.21	E6	1.6	G7	3.16
A8	3.65	C3	2.73	E7	2.46	G8	3.06
A9	2.23	C4	2.85	E11	2.47	G9	3.3
A10	2.65	C5	3.57	E15	2.07	I1	0.21
A11	2.96	C6	3.12	F1	1.69	I2	0.22
A12	2.17	C7	3.27	F2	1.6	I3	0.26
B1	3.04	D1	1.06	F8	2.05	I4	0.23
B2	2.49	D2	2.54	F9	2.08	I5	0.21
B4	2.9	D4	1.56	F10	2.6		

3.2.5 项目重复性分析

在项目编制初期，为了体现每一维度下项目的多样性，我们对项目内容的重复性并没有做严格检查和筛选，这样便于后期能在符合编制要求的项目中进行筛选，最终使每一个题项都具有最强的代表性，同时压缩问卷题项数量使其更适用于幼儿。我们首先将剩余46个题项再通过专家评定的方式，让10位心理学专业的博士研究生挑选出每个维度上内容相似的项目，对这些项目进行综合比较后，留下代表性最强的一个项目，依据项目制定标准（3）剔除内容相似的15个项目（A3、A7、A8、A10、A11、A12，B4，C3、C6、C7，D4，E6，F2、F8，G9），共剩余31个项目。

3.3 试测

3.3.1 被试

采用整群抽样的方法选取Q市一所幼儿园的400名幼儿，最终获得有效问卷352份，男孩196人，女孩156人；年龄范围在36~84个月，$M_{年龄}$=63.6月。按年龄分成四组：3岁组28人（36~47个月，$M_{年龄}$=41.7月），4岁组87人（48~59个月，$M_{年龄}$=53.8月），5岁组125人（60~71个月，$M_{年龄}$=64.7月），6岁组112人（72~84个月，$M_{年龄}$=75.6月）。

3.3.2 试测过程

由5位学前教育专业女大学生担任幼儿道德敏感性测量的主试，测试前对主试进行了集中培训，确保他们能熟练掌握问卷星平台的终端使用方法，测试过程中要求主试始终保持亲和、友善的态度对幼儿进行提问，让幼儿能够轻松、自由的回答，不论幼儿选择哪种答案，都要表示肯定，不能有暗示的表情、动作、语言。要在保证被试听懂的情况下始终保持中等稍慢一点语速（约120字/分钟），不能催促幼儿回答问题，严格准确读出每一道题，不能随意改变题目用词，每道题若在1分钟内无法给出答案则记0分后跳到下一道题。为了让幼儿有足够的安全感，把测试地点选在了和教室一墙之隔的教师工作室，透过教师工作室和教室间的窗子可以看到教室里的一切活动；为了避免视觉干扰，要求幼儿背对窗子而坐，因为工作室是独立的，所以不会受到教室活动中噪音的干扰。每个被试的测试时间约为15分钟，测试完毕后主试向被试表示感谢并发放小礼品。

3.3.3 计分方式

通过幼儿对不同领域道德违规行为的觉察和评价来探测幼儿是否已经具有了这一领域的道德敏感性。前期试测时，仅让幼儿对每项道德违规情景进行对错判断，发现4岁以下幼儿的对错判断结果分布近似正态，但4岁以上幼儿对五个领域的道德违规行为均能做出完全正确的判断。为了能准确测量3~6岁幼儿道德敏感性发展的连续性，同时也能更好地体现道德敏感性所包含的道德觉察和道德解释评价能力，问卷采用了两步式提问和4级评分标准，不仅要求幼儿对道德违规行为进行对错判断，还要求幼儿对道德违规行为的错误程度进行评价。由于每个项目都是一种道德违规情境，因此，如果幼儿对这个违反道德的情境表示肯定，则说明幼儿对其完全没有道德敏感性，评分为0，有点不对评分为1，比较不对评分为2，非常不对评分为3。测量时，分为两步，第一步先问幼儿这种情景中某人的行为对不对，幼儿若回答“对”，则直接记0分，该题项回答结束，转到下一题。若回答“不对”，则进行第二步提问：“某某的行为是有点不对，比较不对还是非常不对”，幼儿若无法做出选择则直接记1分，若能做出选择，则根据其实际回答情况计分，认为有点不对记1分，比较不对记2分，非常不对记3分。每个维度的得分为该维度所有题项得分总和的平均值，即0~3分之间，通过幼儿在《幼儿道德敏感性情境问卷》各维度上的得分来测量幼儿在不同领域上的道德敏感性。

3.3.4 项目分析

对剩余31个题项构成的问卷进行试测，将相应的题项纳入各自的维度进行斜交验证性因素分析，删除因子负荷小于0.4的3个题项（B5=0.37，D10=0.35，F1=0.38），共剩余28个项目，再将各项目得分按分值高低排序，取其前27%作为高分组，后27%作为低分组，然后进行高分组和低分组在各个题项上分数差异检验，结果发现28个项目的高分组和低分组之间均存在显著性差异（$P<0.01$），没有删除项目；再对每个题项得分与总分进行相关分析，各题项与总分之间均存在显著性相关，也没有删除项目。最终各维度项目如表4所示。

表4 各维度项目表

关爱			公平	忠诚	权威	圣洁
情感伤害	动物伤害	身体伤害				
A1	B1	C1	D1	E2	F9	G1
A2	B2	C2	D2	E7	F10	G6
A5	B6	C4	D5	E11	F12	G7
A9	B7	C5	D7	E15	F13	G8

3.4　信度分析

3.4.1　同质性信度

各维度的内部一致性系数为：关爱维度的一致性系数为0.91（情感伤害维度的一致性系数为0.78，动物伤害维度的一致性系数为0.79，身体伤害的一致性系数为0.83），公平维度的一致性系数为0.78，忠诚维度的一致性系数为0.76，权威维度的一致性系数为0.82，圣洁维度的一致性系数为0.78。根据Cuieford（1965）的建议 α 系数大于0.7为很可信，α 系数大于0.5为可信，说明本问卷及各维度的同质性信度较好。

3.4.2　重测信度

在初测三个星期后，随机抽取原被试中的150人进行重测，发现各因子得分及问卷总分的初测、重测相关系数都达到显著相关。关爱维度的相关系数为0.86（情感伤害维度的相关系数为0.74，动物伤害维度的相关系数为0.73，身体伤害的相关系数为0.79），公平维度的相关系数为0.76，忠诚维度的相关系数为0.73，权威维度的相关系数为0.78，圣洁维度的相关系数为0.74。相关系数在0.73~0.86之间，说明该问卷重测信度较好。

3.5 效度分析

3.5.1 结构效度分析

3.5.1.1 对关爱维度的因子分析

在以往的研究中对关爱领域的研究相对比较深入，对其进一步的内容划分更加具体，目前大家比较认可的划分类型至少包括情感伤害、身体伤害和动物伤害三个方面，为了检验这种划分方式是否合理，我们对关爱维度的3个子维度进行斜交验证性因子分析，结果如图2所示。

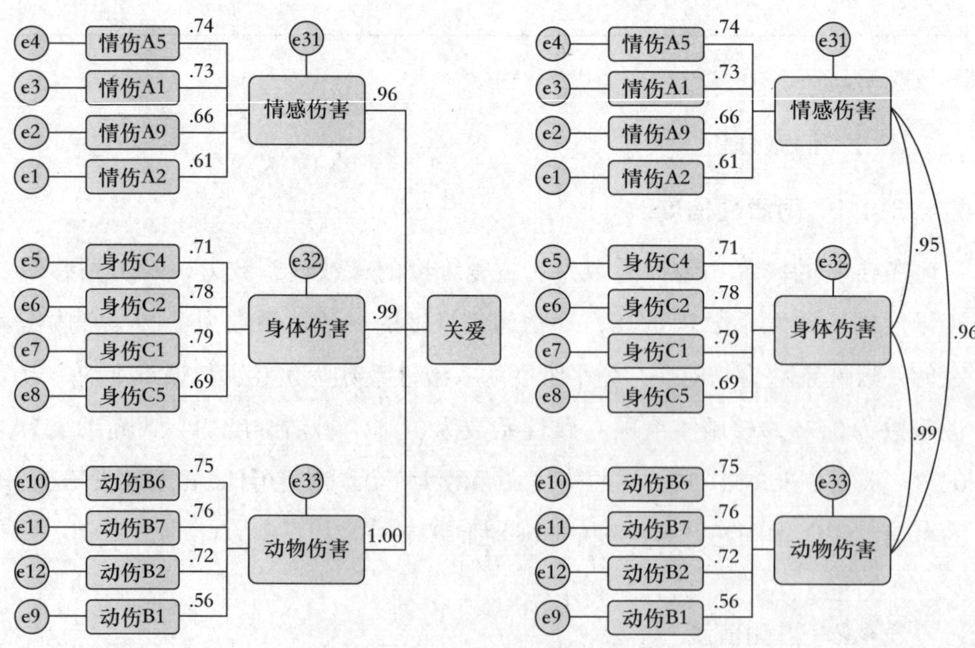

图2 关爱结构的验证性因子分析

验证性因素分析的结果显示：χ^2/df =1.89，GFI = 0.97，CFI = 0.98，NFI = 0.96，TLI = 0.98，RMR = 0.02，RMSEA = 0.04。说明对关爱维度的这种划分方式具有一定的合理性。同时我们也可以看出三因子结构中各因子之间的相关很高，因此我们对其进行了二阶因子验证性分析，各项拟合指数良好：χ^2/df = 1.89，GFI = 0.97，CFI = 0.98，NFI = 0.96，TLI = 0.98，RMR = 0.03，RMSEA = 0.04。这说明将三个子维度情感伤害、身体伤害、动物伤害归为关爱维度是合理的。

3.5.1.2 5因子模型分析

道德基础理论将道德领域划分为5个主要的领域，同时也指出关爱和公平领域可以归结为个体性道德基础，忠诚、权威和圣洁可以归结为联结性道德基础。同时，在道德基础理论提出的初期人们对关爱领域的划分没有当前研究这样具体，因此，为了进一步验证道德敏感性的5因子结构划分是否合理，我们将5因子模型与1因子、2因子、7因子模型进行了比较，以确定5因子模型的合理性。1因子结构模型是指将所有项目归为一个维度，即道德敏感性。2因子结构模型是指将关爱和公平归为个体性维度，将忠诚、权威、圣洁归为联结性维度。5因子结构模型是指关爱、公平、忠诚、权威、圣洁五个维度。7因子结构模型是指将关爱维度的三个子维度纳入进来，七个维度分别为情感伤害、身体伤害、动物伤害、公平、忠诚、权威、圣洁。如表5所示，从不同因子结构拟合指数的比较中我们可以发现，5因子结构的拟合指数是最好的。

表5 不同因子结构模型比较

	χ^2/df	GFI	CFI	NFI	TLI	RMR	RMSEA
1因子	2.26	0.87	0.93	0.89	0.93	0.04	0.05
2因子	2.66	0.92	0.96	0.94	0.95	0.04	0.06
5因子	1.93	0.95	0.98	0.96	0.97	0.03	0.04
7因子	1.95	0.91	0.96	0.92	0.95	0.04	0.05

5因子结构中每个项目在各个因子上的载荷如图3所示：

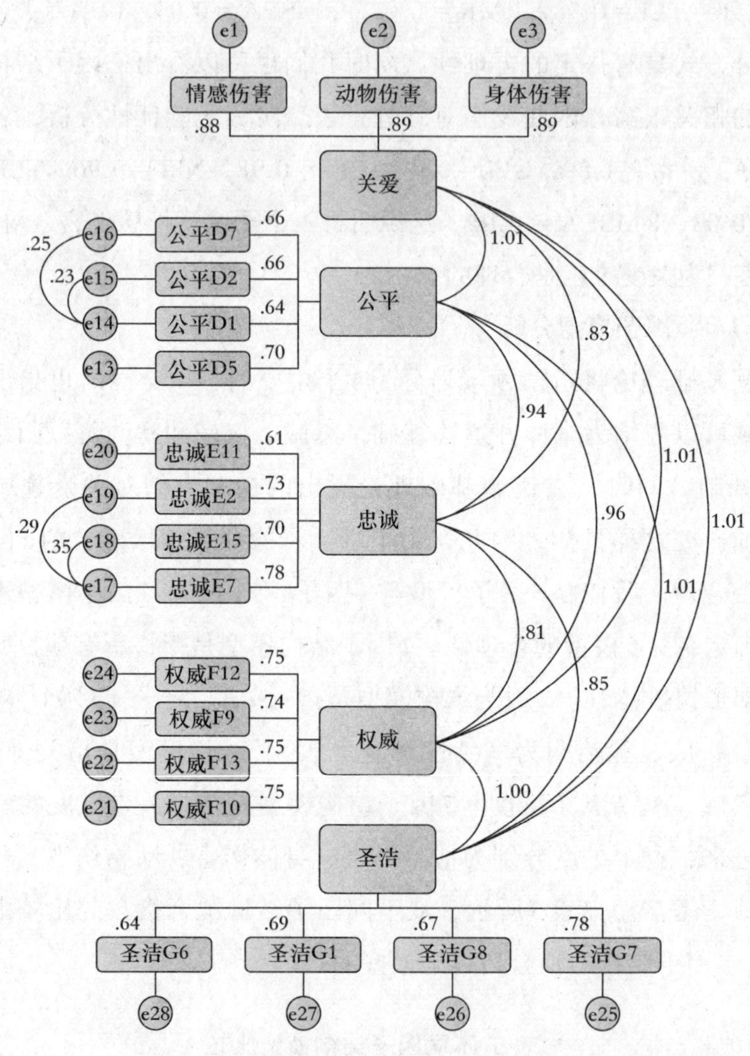

图3 5因子结构验证性因子分析

3.5.2 效标关联效度分析

以往研究发现，幼儿道德敏感性和共情关系密切，甚至有研究通过共情来测量幼儿道德敏感性，更有研究认为共情是道德敏感性发展的一个重要前提，同时基于当前还没有成熟的幼儿道德敏感性的测量工具，我们以幼儿的共情能力作为道德敏感性的效标，进行相关分析，发现共情和道德敏感性之间存在着比较强的相关，如表6所示。这在一定程度上也说明了道德敏感性问卷的效度良好。

表6 道德敏感性和共情的关系

	关爱	公平	忠诚	权威	圣洁	整体
共情	0.21**	0.12*	0.11*	0.23**	0.26**	0.27**

3.6 讨论

3.6.1 问卷结构

道德敏感性的本质在于对情境中道德成分的敏锐觉察与解释，我们在接受Rest等人提出的四成分模型关于道德敏感性概念的同时，汲取Haidt等人提出的道德基础理论对道德内容的领域划分，既考虑了道德敏感性的概念结构，同时也考虑了道德本身的内容结构。在此基础上构建的幼儿道德敏感性将更为全面合理，既能从纵向层面体现幼儿在每一个道德领域上道德敏感性发展的水平，也能从横向层面对不同领域幼儿道德敏感性的发展情况进行比较。

在上述理论建构的基础上，我们最终编制成幼儿道德敏感性情境问卷，并命名为 CMSVQ（Children's Moral Sensitivity Vignettes Questionnaire）。该问卷编制过程表现出三个特点。第一，问卷的每一道题项都包含觉察和解释两个观测指标，这样就保证了觉察和解释在逻辑上的连贯性。第二，问卷所设计的的五个领域基本上包括了道德的全部内容，因此问卷总分基本上能反映出个体道德敏感性发展的整体水平。第三，从初始预测问卷的 85 题到最终问卷的 28 题，进行了领域典型性分析、语义可理解性分析、道德违规严重性分析、项目分析、验证性因素分析等，在力求问卷项目简单明了的同时，保证每个维度项目的代表性。

需要注意的是，道德基础理论的关爱领域并没有进一步详细划分情感伤害、身体伤害和动物伤害，但随着研究的深入，发现其实不同的伤害类型之间也存在差异，而且这种伤害的类型划分也在不断地扩展之中，如有研究就已经开始关注环境伤害，但本研究针对伤害领域只设计了以上三种比较成熟的伤害类型，从验证性因子分析的结果来看，这种划分也是具有一定合理性的。另外，在道德情境中往往会有三种角色，即观察者、受害者、犯过者，本问卷要求被试仅以观察者角色代入，因为人们作为受害者或犯过者时往往都会因为主观性给其觉察和解释带来偏差，个体作为观察者时更能体现出其道德敏感性的典型性。

3.6.2 幼儿道德敏感性情境问卷的心理测量学特征

本研究考察了幼儿道德敏感性情境问卷的内部一致性信度、重测信度等两种主要的信度指标。总体上看，内部一致性信度也基本在0.75以上，重测信度基本保持在0.73以上，说明问卷基本达到了心理测量学信度的指标要求。效度反映了问卷内容是否能够呈现所要测量的某一概念心理结构的有效程度。验证性因素分析能够呈现问卷的结构效度，项目分析反映了问卷的内容效度，问卷总分与各因子的相关以及各因子得分与各因子中各项目的相关反映问卷的会聚效度，这些效度指标的检测结果都基本达到了心理测量学的要求。

需要说明的是问卷的效标效度问题。由于国内尚无比较成熟的道德敏感性问卷，而国外的少数问卷要么只涉及单一道德主题，要么涉及具体的职业或专业领域，都尚未进行过本土化修订，另外，现有的道德基础问卷和道德基础情境问卷虽然基本结构和框架都和本研究问卷的框架是一致的，但这些量表都是针对成人的，因此都难以作为幼儿道德敏感性的效标而进行检验。本研究之所以选择幼儿共情量表作为效标，主要是因为以往研究发现共情能力是道德敏感性的重要基础，同时以往也有通过共情问卷来测量幼儿道德敏感性的文献支持，因此，本研究选择了共情作为本研究的效标。

3.7 结论

本研究在理论分析的基础上，从关爱、公平、权威、忠诚、圣洁等领域来确定道德敏感性的内容结构，并通过项目分析、验证性因素分析等，初步编制了幼儿道德敏感性情境问卷（CMSVQ）。该问卷共有5个维度（关爱维度有3个子维度），每个维度有4个题项，共有28个题项，问卷各项信效度指标基本达到了心理测量学的要求。

第四章　幼儿道德敏感性的发展特点

4.1　研究1　3—7岁幼儿五领域道德敏感性的发展特点

4.1.1　研究目的与假设

4.1.1.1 研究目的

采用前期编制的幼儿道德敏感性情境问卷进行施测，重点考察幼儿五领域及整体道德敏感性的发展特点，了解幼儿道德敏感性的年龄发展趋势、性别差异以及年龄和性别的交互作用。由于以往对关爱领域的道德发展研究相对较为成熟，所以对这一领域的类型划分更为细致，正如前面文献综述中所提到的，目前大家普遍比较接受的划分至少包括身体伤害、动物伤害、情感伤害三大类，本研究在问卷的编制过程中也充分考虑到了这点，因此幼儿道德敏感性情境问卷中的关爱维度包括身体伤害、动物伤害、情感伤害三个子维度，相应地对这三个子维度也进行了调查。

4.1.1.2 研究假设

（1）幼儿道德敏感性随着年龄增长而提高，不同年龄组之间存在差异。

（2）幼儿不同领域道德敏感性之间存在差异。

（3）幼儿道德敏感性在不同的领域、不同的年龄会有一定的性别差异。

（4）幼儿三种关爱道德敏感性发展水平之间存在差异：身体伤害>动物伤害>情感伤害。

4.1.2　研究方法

4.1.2.1 被试

采用整群抽样的方法选取城市、郊区、农村三所幼儿园的1300名幼儿，最终完成全部测试的幼儿共有1260名，其中男孩668人，女孩592人；城市中心学校504人，郊区学校518人，农村学校238人；按年龄分成5组：3岁组105人，4岁组351人，5岁组401人，6岁组346人，7岁组57人，$M_{年龄}=4.92$岁。

4.1.2.2 研究工具

幼儿道德敏感性情境问卷共有5个维度，其中关爱维度有3个子维度，每个维度由4个项目组成，共28个题项，问卷信效度良好。问卷整体内部一致性系数为0.96，关爱维度的内部一致性系数为0.91（情感伤害维度的题项如"有一个同学在教室里大声说另外一个同学太胖"，内部一致性系数为0.78，动物伤害维度的题项如"有一个人开车碾死了一只小狗"，内部一致性系数为0.79，身体伤害的题项如"有一个同学打了另外一个同学一拳"，内部一致性系数为0.83），公平维度的题项如"有一个同学在教室里发礼物时，给小红发了2个，给小明发了3个"，内部一致性系数为0.78，忠诚维度的题项如"有一位同学说他更喜欢另外一个班"，内部一致性系数为0.76，权威维度的题项如"有一个学生不听老师的话"，内部一致性系数为0.82，圣洁维度的题项如"有一个同学用别人用过的牙刷刷牙"，内部一致性系数为0.78。验证性因子分析结果表明，五因子模型具有良好的结构效度，$\chi^2/df=2.16$，GFI = 0.94，CFI = 0.97，NFI = 0.95，TLI = 0.98，RMR = 0.04，RMSEA = 0.05。

4.1.2.3 研究过程

由5位学前教育专业女大学生担任幼儿五领域道德敏感性发展测量的主试，测试前对主试进行了集中培训，要求主试在测试过程中始终保持亲和、友善的态度对幼儿进行提问，让幼儿能够轻松、自由的回答，不论幼儿选择哪种答案，都要表示肯定，不能有暗示的表情、动作、语言。要在保证被试听懂的情况下始终保持中等稍慢一点的语速（约120字/分钟），不能催促幼儿回答问题，要严格准确读出每一道题，不能随意改变题目用词。测量时，分为两步，第一步先问幼儿这种情境中某人的行为对不对，幼儿若回答“对”，则直接记0分，该题项回答结束，转到下一题。若回答“不对”，则进行第二步提问：“某某的行为是有点不对，比较不对还是非常不对？”幼儿若无法做出选择则直接记1分，若能做出选择，则根据其实际回答情况计分，认为有点不对记1分，比较不对记2分，非常不对记3分。每个维度的得分为该维度所有项目得分总和的平均值，即0~3之间，通过幼儿在《幼儿道德敏感性情境问卷》各维度上的得分来测量幼儿在不同领域上的道德敏感性。每个被试的测试时间约为15分钟，测试完毕后主试向被试表示感谢并发放小礼品。共有1300名幼儿参加了测试，其中有40名幼儿中途退出了测试，最终获得了1260名幼儿的有效测量数据。

4.1.2.4 数据处理

本研究主要使用SPSS20.0对数据进行描述性统计和方差分析。

4.1.3 结果

4.1.3.1 五领域道德敏感性的性别与年龄特点

不同年龄、不同性别的幼儿五领域道德敏感性的平均数与标准差见表7。2（性别：男，女）×5（年龄：3岁组，4岁组，5岁组，6岁组，7岁组）×5（道德领域：关爱，公平，忠诚，权威，圣洁）的重复测量方差分析表明，道德领域主效应显著，$F_{道德领域}(4,1249)=101.21$，$p<0.001$，$\eta^2=0.12$，年龄主效应显著，$F_{年龄}(4,1249)=94.61$，$p<0.001$，$\eta^2=0.23$，年龄与道德领域交互作用显著，$F_{年龄\times道德领域}(16,4996)=3.27$，$p<0.001$，$\eta^2=0.01$。年龄与性别交互作用显著，$F_{年龄\times性别}(4,1249)=3.80$，$p<0.01$，$\eta^2=0.01$，年龄与性别和道德领域交互作用显著，$F_{年龄\times性别\times道德领域}(16,4996)=1.78$，$p<0.05$，$\eta^2=0.01$。性别主效应不显著，性别与五领域的交互作用均不显著。

表7 不同年龄、不同性别的幼儿五领域道德敏感性（$M \pm SD$）

		关爱	公平	忠诚	权威	圣洁	整体
3岁	男（50）	1.04 ± 1.02	0.91 ± 0.96	0.86 ± 0.95	1.02 ± 1.03	1.00 ± 0.97	0.97 ± 0.95
	女（55）	1.20 ± 1.07	1.04 ± 1.06	0.93 ± 0.99	1.10 ± 1.05	1.09 ± 1.11	1.07 ± 1.02
4岁	男（183）	1.38 ± 0.99	1.23 ± 1.04	1.14 ± 0.97	1.40 ± 0.98	1.30 ± 0.98	1.29 ± 0.95
	女（168）	1.64 ± 0.93	1.51 ± 1.01	1.32 ± 0.96	1.62 ± 0.96	1.62 ± 0.96	1.54 ± 0.90
5岁	男（218）	2.27 ± 0.65	2.03 ± 0.83	1.81 ± 0.86	2.29 ± 0.74	2.24 ± 0.75	2.12 ± 0.67
	女（183）	2.08 ± 0.72	1.89 ± 0.86	1.73 ± 0.84	2.16 ± 0.81	2.04 ± 0.78	1.98 ± 0.71
6岁	男（186）	2.36 ± 0.55	2.19 ± 0.68	2.00 ± 0.74	2.48 ± 0.59	2.31 ± 0.66	2.26 ± 0.56
	女（160）	2.33 ± 0.59	2.14 ± 0.73	2.09 ± 0.75	2.39 ± 0.67	2.26 ± 0.69	2.24 ± 0.61
7岁	男（31）	2.47 ± 0.38	2.37 ± 0.55	2.17 ± 0.58	2.61 ± 0.43	2.32 ± 0.56	2.38 ± 0.36
	女（26）	2.34 ± 0.67	2.09 ± 0.70	1.79 ± 0.70	2.25 ± 0.77	2.27 ± 0.63	2.15 ± 0.61

简单效应分析和事后比较表明，4岁时，男女幼儿在5个领域上均存在差异，女生的道德敏感性均高于男生；5岁时，男女在关爱和圣洁领域上存在差异，男生在这两个领域上的道德敏感性均高于女生。

在关爱、公平、忠诚、圣洁领域，男生除3、4岁之间，5、6、7岁之间没有差异之外，其他年龄段之间均有差异，在权威领域，除5、6、7岁三个年龄段之间没有差异之外，其他年龄段之间均有差异；在关爱、公平、权威、圣洁领域，女生除5、6、7岁三个年龄段之间没有差异之外，其他年龄段之间均有差异，在忠诚领域，女生除7岁和4、5、6岁之间没有差异外，其他年龄段之间均有差异。

男生在3岁时，各领域之间没有差异，4岁时，关爱和公平、忠诚之间，公平和权威之间，忠诚和权威、圣洁之间均存在差异，5岁时，关爱和公平、忠诚之间，公平和忠诚、权威、圣洁之间，忠诚和权威、圣洁之间存在差异，6岁时，关爱和公平、忠诚、权威之间，公平和忠诚、权威、圣洁之间，忠诚和权威、圣洁之间，权威和圣洁之间存在差异，7岁时，关爱和忠诚之间，忠诚和权威之间，权威和圣洁之间存在差异；女生在3岁时，关爱和忠诚之间存在差异，4岁时，关爱和公平、忠诚之间，公平和忠诚之间，忠诚和权威、圣洁之间存在差异，5岁时，关爱和公平、忠诚之间，公平和忠诚、权威、圣洁之间，忠诚和权威、圣洁之间，权威和圣洁之间均存在差异，6

岁时，关爱和公平、忠诚之间，公平和权威、圣洁之间，忠诚和权威、圣洁之间，权威和圣洁之间均存在差异，7岁时，关爱和忠诚之间，忠诚和权威、圣洁之间存在差异。男女幼儿道德敏感性的领域差异及年龄变化趋势见图4。

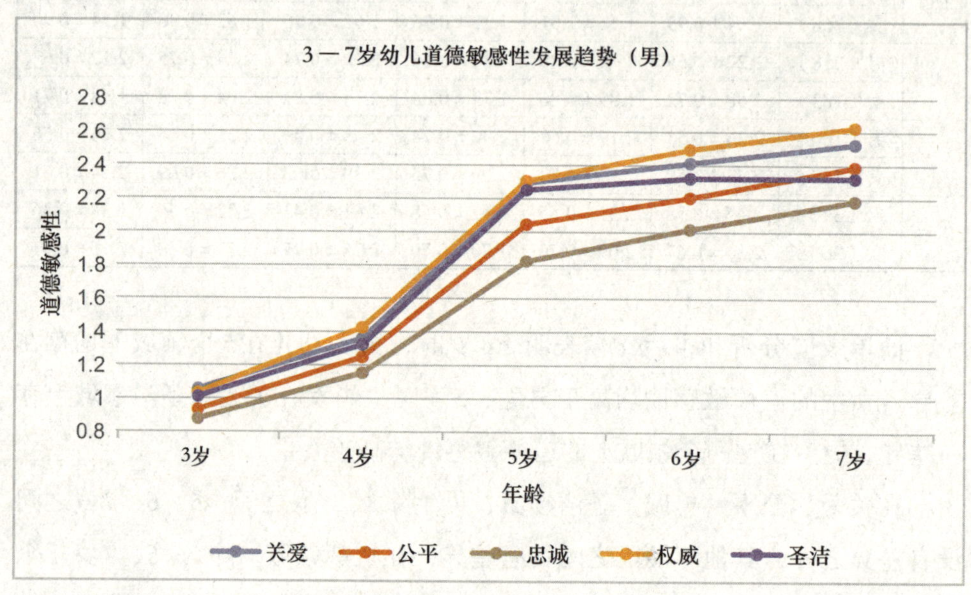

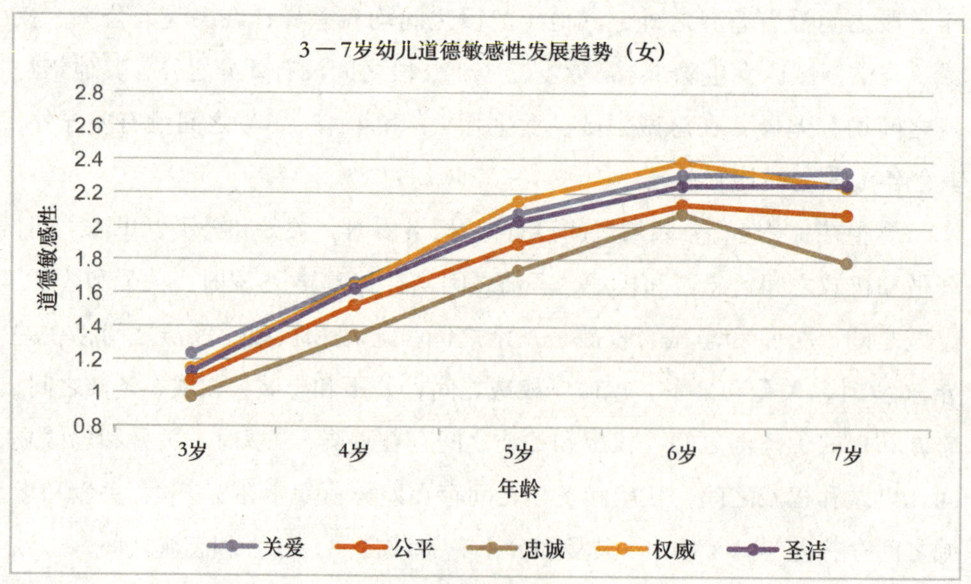

图4　3—7岁幼儿五领域道德敏感性比较(男、女)

4.1.3.2 不同关爱领域的道德敏感性发展特点

情感伤害、动物伤害、身体伤害是生活中最常见的3种伤害行为，也是关爱道德敏感性研究中学者们普遍关注的3种伤害行为，针对成人的这方面研究相对较多，然而针对幼儿的研究并不多，尤其针对这三种伤害行为的发展研究更少。为了探明幼儿针对于这3种行为道德敏感性的发展特点，本研究对不同年龄、不同性别的幼儿在不同关爱道德领域上的敏感性水平做了比较研究，结果如下表8所示：

表8 不同年龄、不同性别的幼儿在不同关爱领域上的道德敏感性（$M \pm SD$）

		情感伤害	动物伤害	身体伤害
3岁	男（50）	1.09 ± 1.03	1.01 ± 1.01	1.03 ± 1.05
	女（55）	1.17 ± 1.08	1.20 ± 1.13	1.22 ± 1.09
4岁	男（183）	1.34 ± 0.99	1.35 ± 1.04	1.46 ± 1.07
	女（168）	1.62 ± 0.95	1.61 ± 0.97	1.67 ± 0.97
5岁	男（218）	2.09 ± 0.76	2.28 ± 071	2.43 ± 0.69
	女（183）	1.99 ± 0.78	2.06 ± 0.76	2.18 ± 0.79
6岁	男（186）	2.19 ± 0.67	2.41 ± 0.62	2.47 ± 0.60
	女（160）	2.18 ± 0.69	2.32 ± 0.67	2.47 ± 0.63
7岁	男（31）	2.23 ± 0.59	2.52 ± 0.44	2.65 ± 0.43
	女（26）	2.10 ± 0.70	2.36 ± 0.74	2.53 ± 0.71

2（性别：男，女）×5（年龄：3岁组，4岁组，5岁组，6岁组，7岁组）×3（关爱领域：情感伤害，动物伤害，身体伤害）的重复测量方差分析表明，关爱道德领域主效应显著，$F_{关爱领域}(2, 1249) = 62.13, p < 0.001, \eta^2 = 0.05$；年龄主效应显著，$F_{年龄}(4, 1249) = 92.13, p < 0.001, \eta^2 = 0.23$；年龄与关爱领域交互作用显著，$F_{年龄 \times 关爱领域}(8, 2498) = 8.77, p < 0.001, \eta^2 = 0.03$；年龄与性别的交互作用显著，$F_{年龄 \times 性别}(4, 1249) = 4.19, p < 0.01, \eta^2 = 0.01$；性别主效应不显著，性别与关爱领域的交互作用不显著，年龄与性别和关爱领域的交互作用不显著。

简单效应分析和事后比较表明，4岁时，男女在3个关爱领域上均存在差异，女生关爱道德敏感性高于男生，5岁时，男女在动物伤害和身体伤害上存在差异，男生高于女生。在情感伤害领域，男生除了3、4岁之间没有差异，5、6、7岁之间没有差异外，其他年龄段之间均有差异，在动物伤害和身体伤害领域，男生除5、6、7岁三个年龄段之间没有差异之外，其他年龄段之间均有差异。在情感伤害和动物伤害领域，女生除7岁和5、6岁之间没有差异之外，其他年龄段之间均有差异，在身体伤害领域，女生除6、7岁之间没有差异外，其他年龄段之间均有差异。

男生在3岁时，各领域之间没有差异，4岁时，身体伤害和情感伤害、动物伤害之间存在差异，5岁时，3种伤害之间均存在差异，6、7岁时，情感伤害和动物伤害、身体伤害之间存在差异；女生在3、4岁时，3种伤害之间不存在差异，5岁时，身体伤害和情感伤害、动物伤害之间存在差异，6岁时，3种伤害之间均存在差异，7岁时，情感伤害和动物伤害、身体伤害之间存在差异。男女幼儿道德敏感性的领域差异及年龄变化趋势见图5。

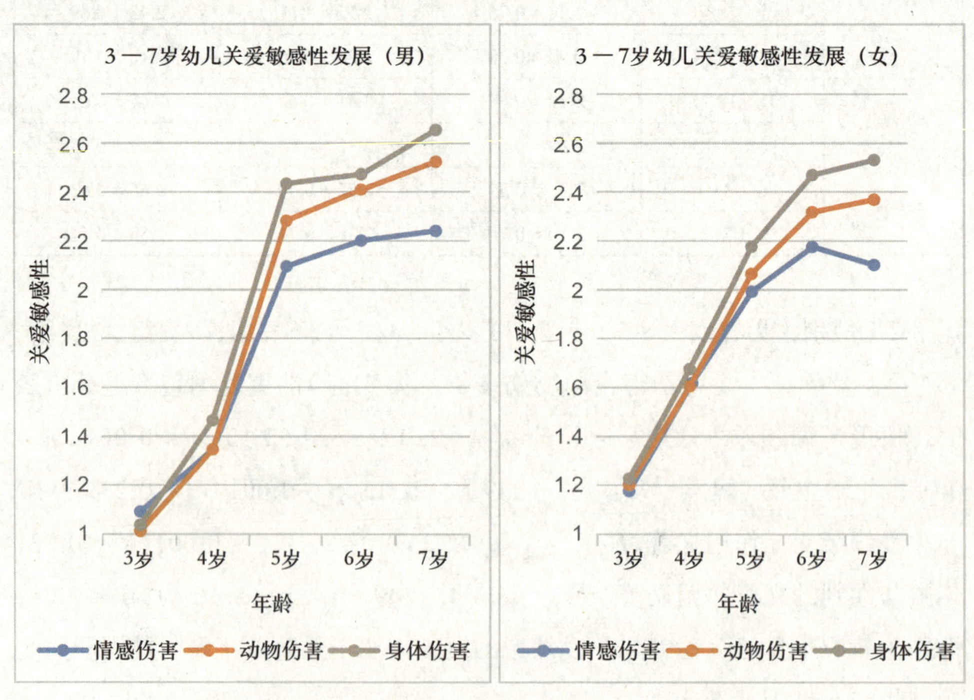

图5　3—7岁幼儿关爱敏感性比较（男、女）

4.1.3.3 整体道德敏感性发展比较

2（性别：男，女）×5（年龄：3岁组，4岁组，5岁组，6岁组，7岁组）的多因素方差分析表明，年龄主效应显著，$F_{年龄}(4,1249)=94.61$，$p<0.001$，$\eta^2=0.23$；年龄与性别交互作用显著，$F_{年龄\times性别}(4,1249)=3.80$，$p<0.01$，$\eta^2=0.01$；性别主效应不显著。

简单效应分析和事后比较表明，4岁时，男女幼儿在整体道德敏感性上均存在差异，其他年龄段，男女幼儿的整体道德敏感性差异不显著；男幼儿除5、6、7岁之间整体道德敏感性没有显著差异外，其他年龄段之间均有差异。女生除7岁和5、6岁之间没有差异外，其他年龄段之间均有差异。男女幼儿整体道德敏感性的性别差异及年龄变化趋势见图6。

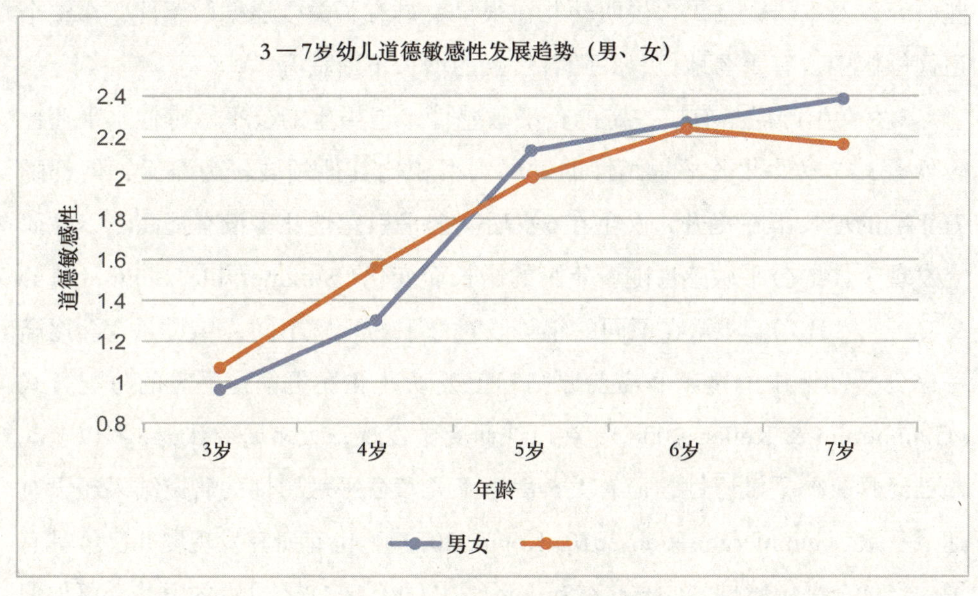

图6　幼儿整体道德敏感性发展

4.1.4 讨论

4.1.4.1 3—7岁幼儿五领域道德敏感性发展特点

本研究发现，3岁男女幼儿都具有了一定的关爱敏感性，并是发展水平最高的领域，虽然4岁后这种领域优先性被权威敏感性取代，但仍然比较靠前，女生在7岁时，关爱敏感性再次成为发展水平最高的领域。关爱敏感性发展的这种优先性在以往的研究中也曾被证实，Hamlin等人的研究发现对于3个月的婴儿而言，他们已经能够分辨“好人”和“坏人”，而且更喜欢“好人”（Hamlin, Wynn & Bloom, 2010），6个月大的婴儿更喜欢与帮助者而不是阻碍者进行互动（Hamlin & Wynn, 2011）。12个月大时，婴儿开始安慰遇害者，14到18个月大的婴儿表现出自发的、没有回报的工具性帮助行为（Hamlin, Wynn, Bloom & Mahajan, 2011）。3岁的孩子选择性地对他人表现出亲社会行为，他们不会帮助那些伤害或打算伤害他人的人（Vaish, Carpenter & Tomasello, 2010）。这些自然的早期出现的行为被认为是由同情的情感或对他人幸福的关心所激发的，卞军凤和燕良轼对5~12岁儿童的研究发现道德关爱取向会随着年龄增长逐渐增加（卞军凤，燕良轼，2015）。这些研究以及本研究结果都说明幼儿在很早就具有了关爱道德敏感性，在整个道德领域中占有重要地位，并随着年龄的增长不断提升。

3岁女生已经具有了一定的公平敏感性，但男生的公平敏感性水平还比较低，3~7岁幼儿公平敏感性的发展水平相比其他领域较为滞后，但都随着年龄的增长不断提升，女生在6岁后其公平敏感性几乎没有提高。以往研究发现个体的公平敏感性随着年龄的增长而变化（Sommerville, Schmid, Yun & Burns, 2013），儿童在不同的年龄段对公平的理解不同，年长儿童会逐渐考虑公平问题中的贡献和需要原则，但婴幼儿往往更偏爱平等的分配方式（Gummerum & Keller, 2008）。在以往研究中发现，大多研究认为5岁以上儿童已经具有公平敏感性，但有关5 岁以下儿童公平敏感性的研究结果还没有达成一致（Gummerum et al, 2010; Kogut, 2012）。也有研究发现婴儿已经具有了一定的公平敏感性，Geraci和Surian（2011）发现18个月大的婴儿会更加偏爱公平的分配方案。Sloane, Baillargeon和Premack（2012）研究发现20个月大的婴儿对于仅有一个人完成了所有的工作，但两个人获得了相等的奖励的不公平情境注视时间更长。Baumard, Mascaro和Chevallier（2012）的研究发现3岁儿童能够给劳动贡献多的人分配更多的奖励物品。这些研究结果及本研究的结果都说明幼儿很早就有了公平意识，而女生的公平敏感性比男生更早发展，并随着认知水平的提升，他们的公平敏感性也在逐步提升。

3岁幼儿还不完全具有忠诚敏感性，3~7岁幼儿忠诚道德敏感性发展水平相比其他领域始终是最低的，男生的忠诚敏感性始终保持上升状态，女生在6岁后，其忠诚敏感性甚至有所下降。有研究发现，4—5岁孩子愿意为了忠于自己的团队付出代价（Misch, Over & Carpenter, 2016），至少在5岁的时候，孩子们更喜欢自己小组的成员而不是其他小组的成员（Dunham & Emory, 2014），6岁的孩子更愿意为内群体成员接受惩罚（Jordan, McAuliffe & Warneken, 2014），7、8岁的孩子更有可能与内群体成员共享资源（Fehr,Bernhard & Rockenbach, 2008）。还有一项研究发现，4~7岁的孩子在重大和轻微犯罪时都喜欢打小报告，大约8~9岁的孩子在重大犯罪时比在轻微犯罪时更喜欢打小报告（Chiu Loke et al., 2014）。这些研究以及本研究的结论都说明，至少4岁以上的幼儿已经开始具有了忠诚意识，其忠诚道德敏感性得到了不断发展。

3岁男女幼儿初步具有了一定的权威道德敏感性，3~7岁幼儿权威敏感性发展水平相比其他领域比较高，男生在3~7岁期间发展水平最高，女生在4~6岁期间发展水平也最高。Piaget（1965）认为道德责任的起源就是对权威的遵奉，儿童道德认知的3个不同阶段都和儿童对权威的认知有关。有研究发现，幼儿对权威的认知最早可能出现在4 岁左右，幼儿的道德判断立场会因为较高级别权威（校长和教师）的相反观点而改变。但也有研究发现，3岁半以后的幼儿就可以通过权威依赖性标准（Smetana et al., 2012）；有关道德权威意识的研究认为，2 岁的儿童就已经开始理解父母的权威，并通过抑制自己的某些行为意愿来顺从父母。周双珠、陈英和（2013）的研究表明，即使长到7岁的幼儿依然会认为违反成人权威提出的规则是更严重的错误。成人权威在幼儿道德发展过程中可能产生了重要作用，幼儿的言行时刻都会受到来自父母、老师等成人的评价与干预，这增强了幼儿对这一道德领域的认知和感受，促进了幼儿权威道德敏感性的发展，因而其发展不仅早，而且发展水平相比其他领域始终也比较高。

3岁男女幼儿都初步具有了一定的圣洁敏感性，3~7岁幼儿的圣洁道德敏感性的发展水平相对较高，并始终保持着上升的态势。本研究发现幼儿在圣洁领域的道德敏感性发展较早，3岁时就基本能够对引起厌恶的行为做出正确的道德判断，这和Stevenson等人（2010）的研究结果一致，他们发现，核心厌恶在孩子3至4岁左右出现。幼儿的圣洁敏感性之所以能发展得比较早，发展水平也比较高，一方面可能是因为身体厌恶经验激活了个体的厌恶、害怕等负性情绪所致（Ottaviani, Mancini, Petrocchi, Medea & Couyoumdjian, 2013）。同样，神经学研究表明，核心厌恶和道德/社会厌恶会激活同一脑区（Borg, Lieberman & Kiehl, 2008）。其基本观点是，厌恶，无论是核心还是道德亚型，都可能产生于对身体或社会造成风险的道德侵犯和偏见行为（Inbar & Pizarro, 2014）。另一方面也可能是因为父母的严格要求所致，有研究发现，当人们自己越看重圣洁，对幼儿在圣洁方面的要求也就会越高（Anderson & Masicampo, 2017）。总之，3岁幼儿就已经具有了圣洁敏感性，并始终处于比较优先的发展状态。

4.1.4.2 关爱道德敏感性发展特点

从研究的结果可以看出，4岁后幼儿对身体伤害最为敏感，其次是动物伤害，最后才是情感伤害。这和幼儿对事物的认识顺序一致，相对于比较内隐的情感伤害，外在身体伤害和动物伤害更加明显直观，因此，无论是身体伤害还是动物伤害，幼儿都会比情感伤害更加敏感，而相对于动物伤害而言，幼儿最先能够接触到的伤害可能就是身体伤害，因此身体伤害敏感性的发展水平始终比动物伤害高一些。从道德认知论的角度来看，这种领域性的差异可能和幼儿的道德图式的丰富性有关，幼儿的道德图式来自于日常生活的经验，这种经验对幼儿不同道德内容的敏感性会产生重要影响。幼儿对外在事物的认识有一定的顺序性，从幼儿的成长经历来看，身体伤害在幼儿生活中首先被认识和强调，父母以及抚养者从婴儿开始最为关注的就是孩子的健康问题，唯恐孩子受到伤害，这种强调也逐渐地影响到了孩子，孩子会逐渐认识到身体伤害的危害性，逐渐认识到别人伤害自己、自己伤害别人，或者别人伤害别人等行为都是不对的。从道德基础理论的视角出发，这种对身体伤害的关注可能来自于先天的遗传，在个体的发展过程中，生存始终是第一位的，为了保证自己能活下来，个体对威胁自己生命安全的任何伤害都是最为敏感的，而在这些伤害的类型里，身体伤害对个体的生存威胁最为严重，因此，从一开始幼儿就对身体伤害最为敏感，而且明确知道这种行为的错误性。在幼儿成长的过程中，幼儿会把伤害带来的痛苦、害怕等负性情绪首先推演到动物身上，因此，幼儿对动物伤害的敏感性也会逐渐加强，当动物受到伤害的时候，他会通过拟人的方式设身处地地为动物而感到难过。随着幼儿共情水平的提升，幼儿不仅会为身体伤害和动物伤害而感到难过，同时也会为某人受到情感伤害而难过，诸如，说别的小朋友长得难看等负面评价都会被幼儿认为是不对的。另外，随着年龄的增加，我们发现，尽管幼儿对三个伤害领域的敏感性都在不断提升，但幼儿对不同关爱领域的敏感性的差异却在不断加大，说明幼儿对三个不同关爱领域的认识在不断丰富，对它们之间的区别的认识水平也在不断提高。

整体而言，无论男女，幼儿的关爱道德敏感性都会随着年龄的增长而不断提升，但在发展的不同阶段其发展速度不尽相同。4岁时，男女幼儿在3个关爱领域上均存在差异，女孩关爱道德敏感性高于男孩，5岁时，男女幼儿在动物伤害和身体伤害上存在差异，男孩高于女孩；男孩在4到5岁时，其道德敏感性发展速度最快，而女孩在3到6岁时，其发展速度相对比较快，这和幼儿的认知发展过程比较一致。有很多研究证实，在幼儿时期女孩的心智发展比男孩要早一些，但后期男孩的发展要比女孩快一些。在道德敏感性的发展上也体现出了这种性别差异。

4.1.4.3 幼儿整体道德敏感性发展特点

尽管各领域的道德敏感性发展有自己的特点，但总趋势比较一致。整体来看，3岁时，女孩已经初步具有了一定的道德敏感性，但男孩还不完全具有这种能力；4岁时，女孩的道德敏感性显著高于男孩；6岁时男女幼儿的道德敏感性达到了同一水平，7岁时，男孩超过了女孩；女孩道德敏感性的快速发展期在3~5岁之间，男孩则在4~5岁之间；4岁后，道德敏感性发展的领域分化比较明显。男孩道德敏感性发展起步比女孩晚，但发展迅速，并在不断地提升，女孩道德敏感性发展起步相对较早，但在6岁后道德敏感性发展停滞，甚至有降低的趋势，这和男女两性的认知和情感发展特点比较一致。男女幼儿道德敏感性发展的轨迹并不相同，这和以往研究结果不一致，李晓东、王轶楠（2002）对4~6岁幼儿道德发展的研究结果发现不存在性别差异。Jaffee和Hyde（2000）对道德判断的性别差异进行了元分析，发现当控制了被试的种族背景后，性别差异性便会被显著削弱。本研究之所以和以往研究结果不同，一方面可能是因为以往关于幼儿道德发展的研究没有关注到领域特异性，另一方面可能是因为以往对幼儿发展研究的被试量不足，增加了统计上犯错的概率，使差异变得不显著。

幼儿道德敏感性的发展可能和幼儿“自我中心主义”有关，自我中心主义是特指儿童仅从自己的立场和观点去认识事物，不能从他人的角度去认识世界，个体还不能认识他人观点与自己观点可能不同。皮亚杰认为自我中心主义是儿童思维处于前概念时期的标志，这个时期大概在4岁左右结束。自我中心主义使儿童无法区分自我观点与他人观点的不同，心理理论的获得使儿童能够认识别人会有和自己不一样的信念和行为，由此可见，儿童获得心理理论是摆脱自我中心主义的前提。wellman和Pemer（1983）的“错误信念任务”研究发现4岁是儿童心理理论发生质变的年龄节点，而这正好也是自我中心主义结束的年龄节点。儿童3岁时还不完全具有道德敏感性，很大程度上和儿童的自我中心主义有关，他们还不完全具备心理理论能力，对道德情境的理解容易以第一人称卷入，从而对道德违规事件给予积极正性评价。

这种道德评价能力可能也是自然进化的一个结果。越来越多的发展研究表明，孩子出生后的第一年就具有了评价他人道德行为的能力，并对区分好行为和坏行为中的一些因素很敏感，这些因素包括心理状态和环境（Hamlin, 2014）。到2岁时，孩子们表现出明显的帮助他人和与他人合作的倾向，并开始对社会规范表现出明显的关注（Robbins & Rochat, 2011）。进化理论和发展科学的经验研究认为，人类进行道德评价的能力植根于某种系统，这种系统是在社会生活所必需的合作环境中进化而来的。

这种道德敏感性的发展也有可能是道德直觉的结果。传统上，道德推理被认为是逐渐发展的认知过程和思考的产物（Kohlberg, 1984）。然而，最近的研究提供的证据表明，有意识的道德推理过程只占人类道德发展的一部分。对成人和儿童的研究表明，道德直觉背后的机制有时对体验这些直觉的个体是未知的（Greene & Haidt, 2002），甚至连不会说话的婴儿也表达出了初生的道德评价（Hamlin et al., 2007）。行为研究提供的证据表明，在出生后的第一年里，婴儿会进行基本形式的社会评估，也可能是道德评估。利他性帮助等亲社会行为也在儿童早期出现。12个月大时，婴儿开始安慰遇害者，14—18个月大的婴儿表现出自发的无回报的工具性帮助行为（Warneken & Tomasello, 2009）。在生命的第二年，儿童的共情反应增加。亲社会行为在儿童时期随着自我—他人分化和社会理解的增长而增长（Svetlova et al., 2010）。这些早期出现的自然行为被认为是由同情的情感或对他人幸福的关心所激发的。

4.1.5　结论

（1）3~7岁幼儿五领域道德敏感性均随着年龄增长而快速提高，6岁时已经达到了较高水平。

（2）4岁时，女孩在五个领域上的道德敏感性均显著高于男孩，5岁时，男孩在关爱和圣洁领域上的道德敏感性显著高于女孩。

（3）三个关爱领域的道德敏感性发展水平次序依次为：身体伤害、动物伤害和情感伤害。

（4）整体而言，3~5岁是男孩的道德敏感性快速发展期，3~6岁是女孩的快速发展期。

4.2　研究2 不同区域幼儿道德敏感性发展的特点

4.2.1　研究目的与假设

4.2.1.1 研究目的

以往的研究表明，文化环境对道德发展具有一定的影响，尤其在道德基础理论看来，道德发展实质上就是个体对不同文化的接受与认同的结果，体现为道德发展的可塑性特征。在中国，城乡之间存在着明显的文化差别，这使得不同地区幼儿道德发展可能具有不同的特点，因此，有必要对3~7岁幼儿道德敏感性发展的区域特点进行研究，以便后期的幼儿道德教育能针对这种区域差异提出针对性的道德教育策略。

4.2.1.2 研究假设

（1）三个区域幼儿道德敏感性都会随着年龄增长而提高，不同年龄组之间存在差异。

（2）不同区域幼儿道德敏感性的发展水平不同，城市中心幼儿道德敏感性>郊区幼儿道德敏感性>农村幼儿道德敏感性。

（3）不同区域、不同领域幼儿道德敏感性的发展水平不同。

4.2.2 研究方法

4.2.2.1 被试

同研究1。

4.2.2.2 研究工具

同研究1。

4.2.2.3 数据处理

本研究主要使用SPSS20.0对数据进行描述性统计和方差分析。

4.2.3 结果

4.2.3.1 不同区域幼儿不同领域道德敏感性发展比较

采用前期编制的《幼儿道德敏感性情境问卷》进行施测，考察不同区域幼儿不同领域道德敏感性发展的特点。3~7岁不同区域幼儿道德敏感性的发展水平如下表9所示。5（领域：关爱，公平，忠诚，权威，圣洁）×5（年龄：3岁组，4岁组，5岁组，6岁组，7岁组）×3（地域：城市，郊区，农村）的重复测量方差分析表明，领域主效应显著$F_{领域}(4,4976) = 83.47, p < 0.001, \eta^2 = 0.06$，年龄主效应显著，$F_{年龄}(4,1244) = 85.46, p < 0.001, \eta^2 = 0.21$，地域主效应显著，$F_{地域}(2,1244) = 34.56, p < 0.001, \eta^2=0.05$，年龄和

地域的交互作用显著，$F_{年龄\times地域}(8,1244)=4.51, p<0.001, \eta^2=0.03$，领域和年龄的交互效应显著，$F_{领域\times年龄}(16,4976)=2.65, p<0.001, \eta^2=0.01$领域、年龄和地域的交互作用显著，$F_{领域\times年龄\times地域}(32,4976)=1.42, p<0.05, \eta^2=0.01$，领域和地域的交互作用不显著。

表9 3-7岁不同地域幼儿道德敏感性的发展水平比较

		关爱	公平	忠诚	权威	圣洁	整体
3岁	城市（33）	1.52 ± 1.18	1.33 ± 1.16	1.21 ± 1.13	1.40 ± 1.16	1.35 ± 1.16	1.36 ± 0.12
	郊区（60）	1.00 ± 0.97	0.84 ± 0.89	0.79 ± 0.89	0.96 ± 0.97	0.94 ± 0.98	0.91 ± 0.09
	农村（12）	0.68 ± 0.71	0.73 ± 0.88	0.52 ± 0.65	0.64 ± 0.75	0.70 ± 0.87	0.65 ± 0.21
4岁	城市（114）	2.08 ± 0.88	1.99 ± 0.98	1.83 ± 0.97	2.05 ± 0.93	2.01 ± 0.92	1.99 ± 0.06
	郊区（167）	1.28 ± 0.89	1.10 ± 0.94	0.99 ± 0.85	1.31 ± 0.97	1.25 ± 0.92	1.19 ± 0.05
	农村（70）	1.09 ± 0.84	0.94 ± 0.84	0.78 ± 0.72	1.08 ± 0.88	1.21 ± 0.84	0.98 ± 0.08
5岁	城市（189）	2.44 ± 0.55	2.30 ± 0.73	1.99 ± 0.81	2.51 ± 0.62	2.39 ± 0.65	2.33 ± 0.05
	郊区（142）	1.98 ± 0.67	1.67 ± 0.76	1.54 ± 0.79	2.01 ± 0.77	1.98 ± 0.77	1.83 ± 0.05
	农村（70）	1.91 ± 0.81	1.67 ± 0.95	1.62 ± 0.90	1.91 ± 0.87	1.81 ± 0.82	1.78 ± 0.08
6岁	城市（149）	2.55 ± 0.38	2.32 ± 0.59	2.15 ± 0.68	2.60 ± 0.44	2.43 ± 0.55	2.41 ± 0.05
	郊区（126）	2.27 ± 0.64	2.13 ± 0.73	2.09 ± 0.77	2.40 ± 0.71	2.27 ± 0.72	2.23 ± 0.06
	农村（71）	2.04 ± 0.63	1.90 ± 0.71	1.72 ± 0.74	2.16 ± 0.70	2.03 ± 0.75	1.97 ± 0.08
7岁	城市（19）	2.39 ± 0.66	2.43 ± 0.65	2.10 ± 0.79	2.49 ± 0.77	2.44 ± 0.64	2.37 ± 0.16
	郊区（23）	2.30 ± 0.51	2.18 ± 0.64	2.02 ± 0.59	2.36 ± 0.57	2.29 ± 0.56	2.25 ± 0.14
	农村（15）	2.45 ± 0.37	2.10 ± 0.58	1.81 ± 0.57	2.51 ± 0.52	2.11 ± 0.54	2.19 ± 0.18

简单效应分析和事后比较表明，在关爱领域，3到6岁幼儿道德敏感性在城市和郊区、农村之间存在差异，郊区和农村之间没有差异，7岁幼儿三个地域之间都没有差异；在公平和忠诚领域，3岁幼儿道德敏感性在城市和郊区之间存在差异，4、5岁幼儿道德敏感性在城市和郊区、农村之间存在差异，郊区和农村之间没有差异，6岁幼儿道德敏感性在城市和农村之间存在差异，7岁幼儿道德敏感性在三个地域之间都没有差异；在权威和圣洁领域，3岁到5岁幼儿道德敏感性在城市和郊区、农村之间存在差异，郊区和农村之间没有差异，6岁幼儿道德敏感性在城市和农村之间存在差异，7岁

幼儿道德敏感性在三个地域之间都没有差异。

在关爱、公平、忠诚、权威（除郊区）、圣洁领域，城市幼儿的道德敏感性除在5、6、7岁之间以及4岁和7岁之间没有差异外，其他年龄段之间均有差异。郊区幼儿的道德敏感性除在3、4岁之间，6、7岁之间，5、7岁之间没有差异外，其他年龄段之间均有差异。农村幼儿的道德敏感性除在3、4岁之间，5、6、7岁之间没有差异外，其他年龄段之间均有差异；在权威领域，郊区幼儿的道德敏感性除在6、7岁之间，5、7岁之间没有差异外，其他年龄段之间均有差异。

3岁时，城市幼儿关爱和公平、忠诚、圣洁之间的道德敏感性有差异，郊区幼儿关爱和公平、忠诚，忠诚和权威之间的道德敏感性有差异，农村幼儿五个道德领域之间没有差异；4岁时，城市幼儿关爱和忠诚，公平和忠诚，忠诚和权威、圣洁之间的道德敏感性之间有差异，郊区幼儿关爱和公平、忠诚，公平和忠诚、权威、圣洁，忠诚和权威、圣洁之间的道德敏感性之间有差异，农村幼儿关爱和公平、忠诚，公平和权威，忠诚和权威、圣洁之间的道德敏感性之间有差异；5岁时，城市幼儿除关爱和圣洁之间没有差异外，其他领域之间的道德敏感性均存在差异，郊区幼儿除关爱、权威、圣洁之间没有差异外，其他领域之间的道德敏感性均存在差异，农村幼儿关爱和公平、忠诚，公平和权威、圣洁，忠诚和权威、圣洁之间的道德敏感性存在差异；6岁时，城市幼儿除关爱和权威之间没有差异之外，其他领域之间的道德敏感性都存在差异，郊区幼儿除关爱和圣洁，公平和忠诚之间没有差异之外，其他领域之间的道德敏感性都存在差异，农村幼儿除关爱和圣洁之间没有差异之外，其他领域之间的道德敏感性都存在差异；7岁时，城市幼儿关爱和忠诚，公平和忠诚，忠诚和权威、圣洁之间的道德敏感性存在差异，郊区幼儿关爱和公平、忠诚，忠诚和权威、圣洁之间的道德敏感性存在差异，农村幼儿除关爱和权威，公平和圣洁，忠诚和圣洁之间的道德敏感性没有差异外，其他领域之间道德敏感性均有差异。3—7岁幼儿五领域道德敏感性的地域差异及年龄变化趋势见图7。

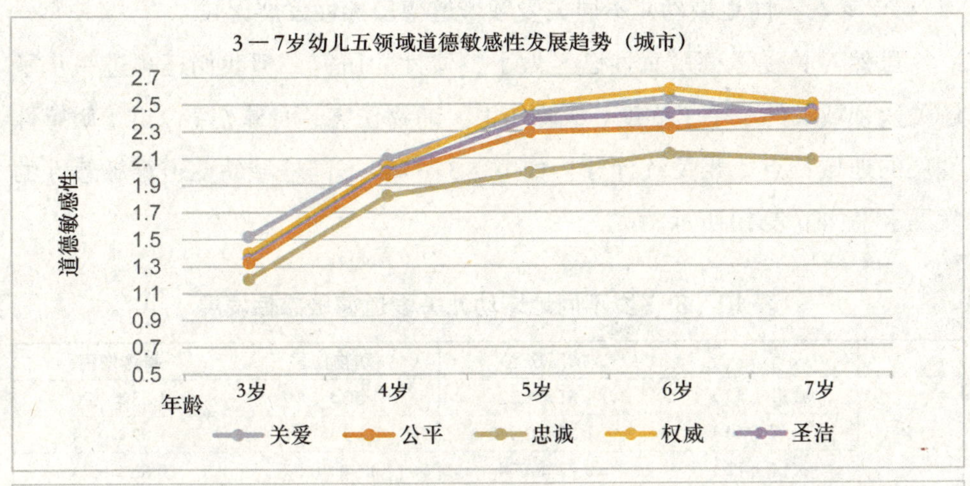

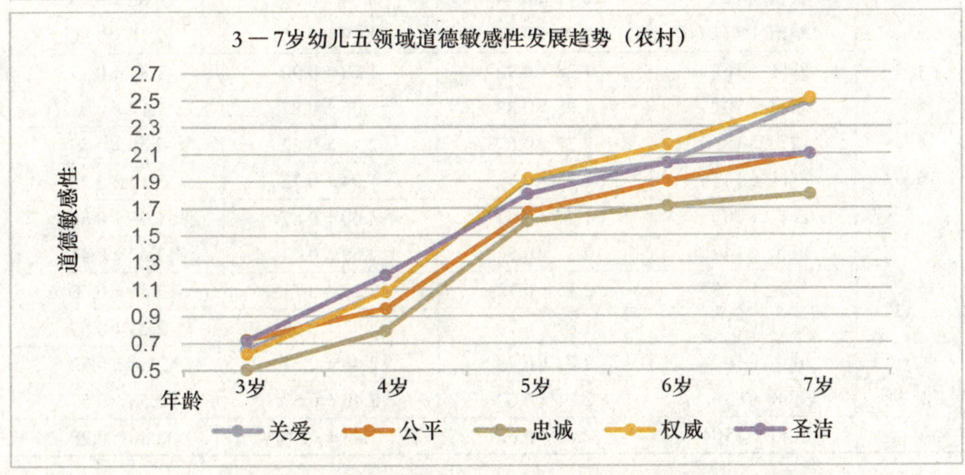

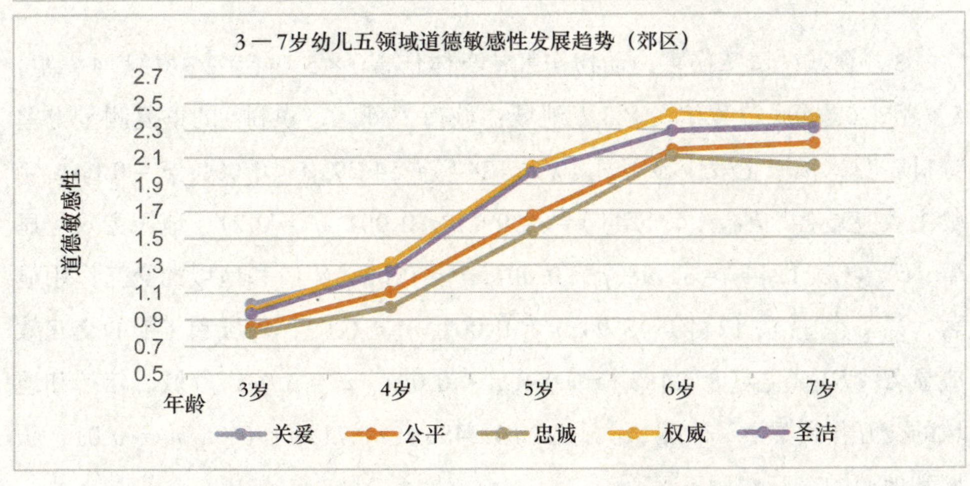

图7　不同地域3—7岁幼儿五领域道德敏感性发展比较

4.2.3.2 不同地域幼儿不同关爱领域道德敏感性发展比较

虽然对关爱道德敏感性已经做了整体性的研究，但我们还想进一步了解关爱领域下的三个子维度（情感伤害、动物伤害、身体伤害）道德敏感性发展的地域特点，相关统计分析如下。3—7岁不同地域幼儿道德敏感性的发展水平如下表10所示。

表10　3-7岁不同地域幼儿关爱道德敏感性发展

		情感伤害	动物伤害	身体伤害
3岁	城市（33）	1.51 ± 1.22	1.50 ± 1.19	1.53 ± 1.20
	郊区（60）	1.02 ± 0.96	0.99 ± 1.01	1.02 ± 0.99
	农村（12）	0.72 ± 0.74	0.64 ± 0.67	0.66 ± 0.74
4岁	城市（114）	1.99 ± 0.92	2.09 ± 0.95	2.16 ± 0.90
	郊区（167）	1.28 ± 0.92	1.23 ± 0.90	1.33 ± 0.97
	农村（70）	1.08 ± 0.83	1.06 ± 0.87	1.12 ± 0.91
5岁	城市（189）	2.27 ± 0.67	2.43 ± 0.62	2.60 ± 0.57
	郊区（142）	1.88 ± 0.75	1.94 ± 0.72	2.12 ± 0.75
	农村（70）	1.77 ± 0.87	2.00 ± 0.87	1.95 ± 0.86
6岁	城市（149）	2.37 ± 0.56	2.59 ± 0.44	2.67 ± 0.41
	郊区（126）	2.15 ± 0.72	2.29 ± 0.71	2.36 ± 0.68
	农村（71）	1.87 ± 0.70	2.03 ± 0.68	2.23 ± 0.69
7岁	城市（19）	2.21 ± 0.72	2.48 ± 0.72	2.48 ± 0.70
	郊区（23）	2.21 ± 0.60	2.40 ± 0.57	2.56 ± 0.57
	农村（15）	2.06 ± 0.62	2.48 ± 0.46	2.80 ± 0.28

3（领域：情感伤害，动物伤害，身体伤害）× 5（年龄：3岁组，4岁组，5岁组，6岁组，7岁组）× 3（地域：城市，郊区，农村）的重复测量方差分析表明，领域主效应显著$F_{领域}(2, 1244) = 54.29, p < 0.001, \eta^2 = 0.04$，年龄主效应显著，$F_{年龄}(4, 1244) = 82.99, p < 0.001, \eta^2 = 0.21$，地域主效应显著，$F_{地域}(2, 1244) = 31.98, p < 0.001, \eta^2 = 0.05$，年龄和地域的交互作用显著，$F_{年龄 \times 地域}(8, 1244) = 3.94, p < 0.001, \eta^2 = 0.03$，领域和年龄的交互效应显著，$F_{领域 \times 年龄}(8, 2488) = 7.84, p < 0.001, \eta^2 = 0.03$，领域、年龄和地域的交互作用显著，$F_{领域 \times 年龄 \times 地域}(16,2488) = 1.71, p < 0.05, \eta^2 = 0.01$，领域和地域的交互作用不显著。

简单效应分析和事后比较表明，城市幼儿在情感伤害、身体伤害领域的道德敏感性除在5、6、7岁之间以及4岁和7岁之间没有差异外，其他年龄段之间均有差异，在动物伤害领域，城市幼儿的道德敏感性除在5、6、7岁之间没有差异外，其他年龄段之间均有差异；郊区幼儿在情感伤害领域的道德敏感性除在5、7岁之间，6、7岁之间没有差异外，其他年龄段之间均有差异，在动物伤害、身体伤害领域的道德敏感性除在6、7岁之间没有差异外，其他年龄段之间均有差异；农村幼儿在情感伤害领域的道德敏感性除在3、4岁之间，5、6、7岁之间没有差异外，其他年龄段之间均有差异，在动物伤害领域的道德敏感性除在3、4岁之间，5、6岁之间没有差异外，其他年龄段之间均有差异，在身体伤害领域的道德敏感性除在3、4岁之间没有差异外，其他年龄段之间均有差异。

3到5岁时，在情感伤害、动物伤害、身体伤害领域，城市幼儿和郊区幼儿、农村幼儿之间的道德敏感性存在差异，郊区幼儿和农村幼儿之间的道德敏感性没有差异；幼儿6岁时，在情感伤害、动物伤害两个地域之间的道德敏感性均存在差异，在身体伤害领域，城市幼儿和郊区幼儿、农村幼儿之间的道德敏感性存在差异，郊区幼儿和农村幼儿之间的道德敏感性没有差异；7岁时，三个关爱领域在三个地域上均没有显著性差异。

3岁时，三个地域幼儿的三个关爱领域道德敏感性均没有差异；4岁时，城市幼儿情感伤害敏感性和动物伤害敏感性、身体伤害敏感性有差异，郊区幼儿动物伤害和身体伤害道德敏感性之间有差异，农村幼儿的三个关爱领域之间的道德敏感性没有差异；5岁时，城市幼儿三个关爱领域之间的道德敏感性均存在差异，郊区幼儿的身体伤害和情感伤害、动物伤害敏感性均存在差异，农村幼儿情感伤害和身体伤害、动物伤害敏感性之间存在差异；6岁时，城市幼儿、郊区幼儿的情感伤害敏感性和身体伤害敏感性、动物伤害敏感性之间存在差异，农村幼儿三个关爱领域之间的道德敏感性均存在差异；7岁时，城市幼儿情感伤害和身体伤害、动物伤害敏感性之间存在差异，郊区幼儿情感伤害和身体伤害之间的道德敏感性存在差异，农村幼儿三个关爱领域之间的道德敏感性均存在差异。3—7岁幼儿关爱敏感性的地域差异及年龄变化趋势见图8。

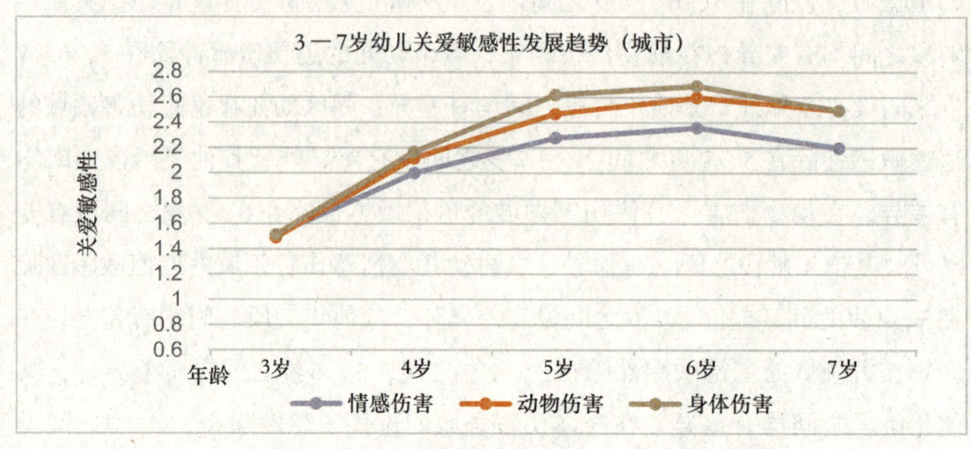

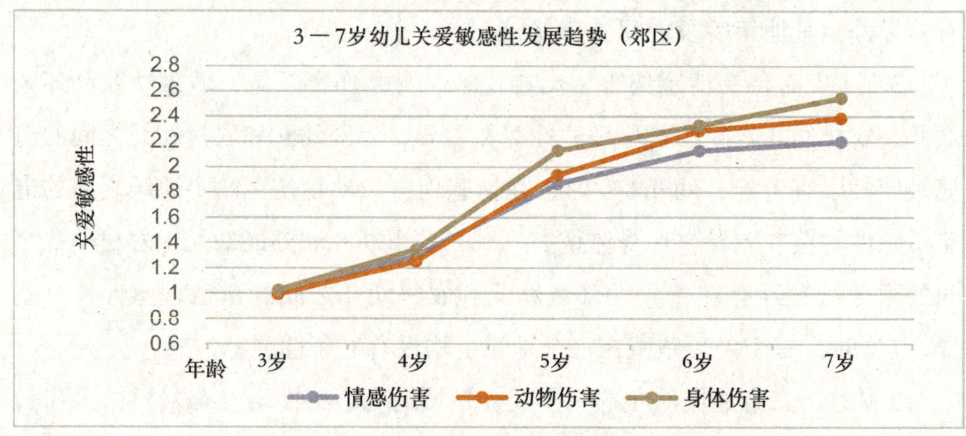

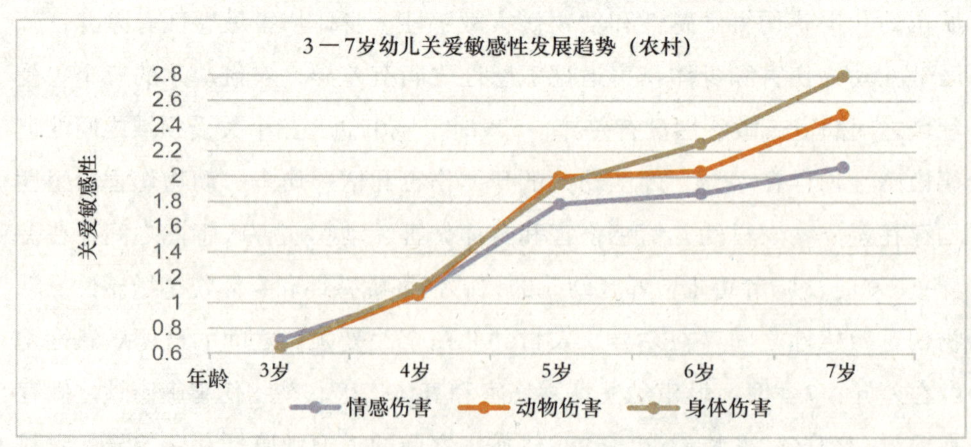

图8　不同地域3—7岁幼儿关爱敏感性发展比较

4.2.3.3 不同地域整体道德敏感性发展比较

为了对不同地域间幼儿道德敏感性发展的情况有一个宏观上的整体了解，我们对不同地域、不同年龄幼儿的道德敏感性水平进行了5(年龄：3岁组，4岁组，5岁组，6岁组，7岁组)×3(地域：城市，郊区，农村)的多因素方差分析，结果表明，年龄主效应显著，$F_{年龄}(4, 1245) = 85.77, p < 0.001$，$\eta^2 = 0.21$；地域主效应显著，$F_{地域}(2, 1245) = 34.76, p < 0.001, \eta^2 = 0.05$；年龄与地域交互作用显著，$F_{年龄 \times 地域}(8, 1245) = 4.5, p < 0.001, \eta^2 = 0.02$。

简单效应分析和事后比较表明，3~5岁时，城市幼儿的道德敏感性高于郊区和农村幼儿，郊区和农村幼儿之间的差异不显著，6岁时，城市幼儿的道德敏感性高于农村幼儿，7岁时，3个地域幼儿道德敏感性之间没有差异；城市幼儿除5、6、7岁之间整体道德敏感性没有差异之外，其他年龄段之间均有差异，郊区幼儿除3、4岁之间和6、7岁之间整体道德敏感性没有差异之外，其他年龄阶段之间均有差异，农村幼儿除3、4岁之间，5、6岁之间，6、7岁之间整体道德敏感性没有差异之外，其他年龄阶段之间均有差异。3~7岁幼儿道德敏感性的地域差异及年龄变化趋势见图9。

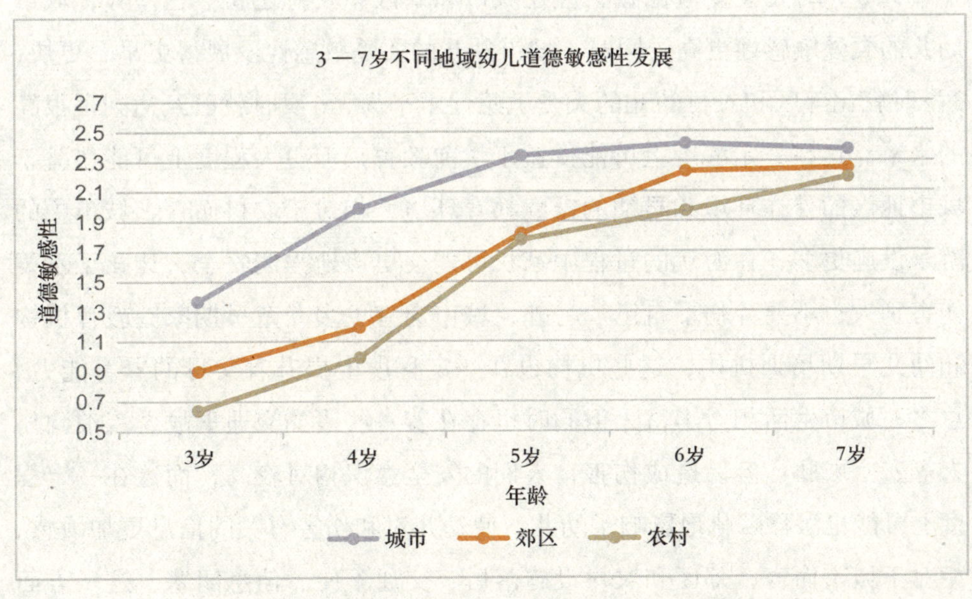

图9　不同地域3—7岁幼儿整体道德敏感性发展比较

4.2.4 讨论

4.2.4.1 幼儿五领域道德敏感性发展的地域特点

从各领域的发展情况来看，城市幼儿在3岁时就出现了一定的领域分化现象，其关爱敏感性发展最好，郊区幼儿其次，农村幼儿这时还没有领域差异。随着年龄的增长，这种领域间的分化越来越明显，城市幼儿在5岁时其领域差异已经很大，除了关爱和圣洁之外，其他领域间均有差异，郊区幼儿在6岁时其领域差异最大，郊区幼儿除关爱和圣洁，公平和忠诚之间几乎没有差异之外，其他领域之间的道德敏感性都存在差异，而农村幼儿在7岁时，领域差异最大。这说明幼儿对不同道德领域的认识也是一个逐渐增强的过程，同时也说明不同地域环境对幼儿这种领域差异认识能力也产生了一定的影响，城市幼儿对这种领域差异性的认识最早，农村幼儿对这种差异性的认识最晚。这也说明道德基础理论提出的道德领域划分确实具有一定的合理性，同时也说明其提出的文化环境影响论也具有一定的现实意义。

4.2.4.2 关爱道德敏感性发展的地域特点

3~6岁幼儿关爱道德敏感性在城市和郊区、农村之间存在差异，城市幼儿的关爱敏感性更高，同时，城市幼儿的关爱敏感性发展得更早、更快，3岁时就比郊区和农村幼儿的关爱敏感性水平高，6岁时就已经达到了很高的水平。这在一定程度上可能得益于学前教育，但更大程度上可能得益于城市地区的外在环境和早期的家庭教育环境，相对于农村而言，城市中的游乐设施更多，在游玩的过程中家长可能会更多地强调安全，让孩子不要伤害别人也不要弄伤了自己。另外，城市会有更多儿童早期家庭教育机构和幼儿早期培训机构，这些机构也在一定程度上提升着父母的养育能力。总之，城市生活相对丰富，但同时也存在着一些诸如交通事故、流浪狗伤人等安全威胁，容易造成伤害，人们的安全意识相对较高，而这在一定程度上可能也潜移默化地影响了幼儿，使幼儿对和伤害有关的信息更加敏感。相对于城市而言，郊区和农村设施落后、交通不便、信息闭塞，这一方面可能限制了农村的发展，但从另一个方面来说，这种环境反而降低了安全风险，使孩子受到伤害的可能性降低。在生活中，人们关于安全的强调可能不如城市，这在一定程度上也就使这一地区幼儿对和伤害有关的关爱敏感性不如城市幼儿高。

从发展速度上来看，城市幼儿的3~5岁是关爱敏感性发展最快的一段时期，郊区和农村幼儿则是4~7岁；从关爱道德敏感性发展的领域分化程度上来看，城市幼儿在5岁时，三个关爱领域间均有差异，郊区和农村幼儿的这种领域分化在7岁时达到最大化。道德关爱一直是人们普遍关注的一个焦点，这一领域的发展同样受到了文化环境的影响，在人类发展过程中主要存在着两种文化形式，即游牧文化和农耕文化，在现代生活中，城市中的文化形式更类似于游牧文化，农村中的文化形式更类似于农耕文化，城市生活中的各种规则更多是人们基于某种共同的利益需要达成的某种契约，关爱他人、避免伤害便是这种契约最基本的一种表现，也是城市文明最为突出的一种表现。在这种文化体系中，关爱意识会在很小的时候就传递给幼儿，从而使幼儿在早期就能认识、认同这一基本理念，其关爱道德敏感性就会更高。相反，农耕文化在农村表现得更为突出，相比个体而言，家更重要，人们的家族意识普遍比较强，人和人之间的相互关心更多表现在家族内部，缺乏普世性的关爱，在这种文化氛围影响下，幼儿的关爱意识就会比较低。但好在，在幼儿园的教育过程中，对孩子们的教育更多倾向于游牧文化的关爱意识，强调人和人之间普遍性的关爱，强调人和自己、人和别人、人和动物、人和环境的和谐相处，这种教育理念对农村和郊区幼儿道德敏感性的发展产生了明显的作用，不仅使幼儿提升了关爱水平，也对不同关爱领域区别的认识有了明显提升！

4.2.4.3 整体道德敏感性发展的地区特点

整体而言，不同区域间幼儿的道德敏感性发展存在明显的差异，3~5岁时表现得尤为突出，但这种差异随着年龄的增长在不断地减弱，到7岁时，这种差异几乎消失，这和著名的“爬梯实验”的结果有点类似，早期的训练有助于婴幼儿获得某方面的能力，但这种能力上的差异在后期就会逐渐减弱，甚至消失，幼儿道德敏感性的发展似乎也有类似的现象，城市中心的幼儿早期接触到的有关道德的故事和绘本等信息相对会多一些，道德图式也会丰富一些。相反，农村幼儿多半都是留守儿童，长期由爷爷奶奶抚养，很少有机会接触到有关道德的信息，这就使得在3岁时，城市和农村幼儿的道德敏感性之间存在着巨大的差异，但庆幸的是这种差异在不断减小，7岁时甚至消失，这一方面可能是幼儿自身成长的原因，另一方面也可能是学校教育的结果。众所周知，我国的学前教育尽管在不同地域的硬件设施上存在比较大的差别，但在软件方面基本上是一样的，不论是教学大纲、教学内容还是教学模式基本上是全国统一的，学生在幼儿园所接受的信息基本上是一样的，这在一定程度上可能也促使郊区和农村地区幼儿在幼儿园毕业时其道德敏感性发展水平能“追赶”上城市幼儿。

对于城市幼儿而言，3~5岁是其道德敏感性快速提升的一个时期，但对于郊区幼儿来说道德敏感性的快速发展期则在4~6岁之间，农村幼儿在4~7岁期间，其道德敏感性不断提升。不同地区幼儿道德敏感性发展曲线不同，城市幼儿道德敏感性发展比较早，农村幼儿后期的道德敏感性发展速度比较快，略作归纳，我们会发现对于幼儿道德敏感性发展而言，早期干预是有效的，虽然我们暂时还不知道7岁之后的道德发展会怎样，道德教育的有效性如何，但至少在3~7岁之间，对幼儿进行道德教育是有效的，城市幼儿之所以发展早，是因为他们比农村幼儿更早接触到和道德相关的信息以及家长的及时干预，农村幼儿之所以在后期能发展得比较快，这和学前教育在农村的普及有关，学校教育及时补救了农村家庭教育的短板，使得幼儿能在7岁时，其道德敏感性发展水平达到城市幼儿的水平。另外，我们也发现，郊区幼儿的道德敏感性发展水平处于城市和农村之间，各道德领域中，郊区幼儿的发展情况更类似于农村幼儿，这是因为郊区幼儿大部分都是农民工和流动人口的子女，其幼儿早期及婴儿时期极有可能由爷爷奶奶在农村抚养长大，成长的生活环境和农村基本一致，这也再次印证了生活环境对幼儿道德敏感性发展可能产生了重要作用。从三个区域幼儿道德敏感性的发展可以看出早期教育和生活环境对幼儿道德敏感性发展至关重要，同时也进一步提示我们应该重视学前阶段的道德教育。

4.3.5　结论

（1）整体而言，3~5岁时，城市幼儿的道德敏感性高于郊区和农村幼儿，郊区和农村幼儿之间的差异不显著；6岁时，城市幼儿的道德敏感性高于农村幼儿；7岁时，3个区域幼儿道德敏感性之间没有差异。

（2）整体而言，城市幼儿除5、6、7岁之间整体道德敏感性没有差异之外，其他年龄段之间均有差异；郊区幼儿除3、4岁和6、7岁之间整体道德敏感性没有差异之外，其他年龄阶段之间均有差异；农村幼儿除3、4岁，5、6岁和6、7岁之间整体道德敏感性没有差异之外，其他年龄阶段之间均有差异。

第五章　幼儿道德敏感性发展的影响因素及其作用

5.1　研究3　心理理论对道德敏感性的影响：情绪理解和共情的链式中介作用

5.1.1 问题提出

根据生态系统理论，个体因素不仅会和环境因素共同对道德敏感性产生交互影响，个体因素本身可能也会对道德敏感性产生影响，因此，个体因素中的心理理论、情绪理解、共情等因素可能对道德敏感性发展产生某种交互作用。在本研究的文献综述部分，就心理理论、情绪理解和共情这三个变量分别对道德敏感性的影响做了比较详细的论述，下面就它们彼此之间的相互影响进行概述。

5.1.1.1 心理理论对共情的影响

很多证据表明心理理论可能通过共情对道德敏感性产生影响（Bzdok et al., 2012）。来自道德心理学和神经科学领域的大量实证研究表明，随着年龄的增长以及与之相关的认知发展，学龄儿童将自己与他人区分开来并同时考虑自己和他人观点的能力逐渐增强（Eisenberg, Fabes & Spinrad, 2006）。心理理论奠定了儿童思考（假设）自己与别人的需要和愿望的能力

（Paciello, Fida, Tramontano, Cole, Cerniglia, 2013）。儿童对他人的心理理解可以使他们对他人的困难和状况有更深入的了解，这有助于共情能力的提升（Egguma et al., 2011）。有研究在婴儿期到青春期后期的共情行为分析中发现，个体在心理上表征情感事件或他人内心状态的能力对其共情能力有重要的影响（Belacchi, 2012）。以上研究表明，心理理论可以增强个体的共情能力，进而对道德敏感性产生作用（Trentacosta & Fine, 2010）。

5.1.1.2 **心理理论对情绪理解的影响**

心理理论不仅需要理解信仰、观点和欲望等心理状态，而且还需要理解情绪、情感，情绪理解和认知能力之间存在着实质性的关系（Albanese, De Stasio, Di Chiaccio, Fiorilli & Pons, 2010），比较强的心理理论能力能使儿童理解隐藏的情绪（Belacchi & Farina, 2012），复杂的推理有助于儿童理解情感中更复杂的成分（Albanese et al., 2010）。例如，心理理论可能会帮助喜欢过山车的孩子理解另一个不喜欢过山车的孩子在过山车上的恐惧感（Cutting & Dunn, 1999; Hughes & Dunn，1998）。Cutting和Dunn（1999）建议将错误信念理解和情绪理解视为“社会认知的相关但截然不同的两个方面”。心理理论能力的发展为情绪理解提供基础，倾向于理解他人情感和认知的个人在其道德推理水平以及同情和帮助他人的倾向方面将处于优势（Eisenberg et al., 2006）。Cassidy等人（2003）发现，37至65个月大的学龄前儿童的心理理论和情绪理解与教师评价的社交技能正相关。在Piaget（1932）的早期道德判断发展理论中，一个主要的考虑是孩子们在多大程度上开始理解他人的观点可能与自己的不同。在许多方面，心理理论和情绪理解可能会影响孩子的道德敏感性。例如，4岁的孩子会认为施害者感到高兴，但6到7岁的孩子会认为施害者会有比较复杂的消极情绪（Arsenio, Gold & Adams, 2006）。这些换位思考能力在我们日常的道德判断、决策和推理中扮演着重要角色。例如，在追究某人违反道德的责任时，我们会通过他们的需要和信念来分析他们的行为，在遇到道德困境时，我们可能会考虑他人的情绪状态。因此我们有理由相信心理理论会影响情绪理解进而影响儿童道德敏感性的发展（Lane et al., 2010）。

5.1.1.3 情绪理解对共情的影响

共情被定义为“一种源于对他人情绪状态的理解而产生的情感反应”（Eisenberg, Spinrad & Morris, 2014），主要涉及识别、推测、理解等过程。共情一般要求个体从别人的面部表情刺激中快速提取情绪，并进行自动模仿。对面部表情进行识别是情绪理解和表达的前提，如果在这一阶段出现缺失，将会对个体共情的发展产生重要影响（Oberman, Winkielman & Ramachandran, 2010），情绪理解能力的提高会促使共情能力的提升（Ornaghia, Brockmeierb & Grazzania, 2014）。从婴儿期开始，情绪识别就是共情的先决条件，随着理解情绪的不同原因的认知能力的增强（情景原因以及最近的心理原因，如愿望或信念），儿童即使在没有连贯的面部表情的情况下，也能够对情景刺激做出共情反应（Miller et al, 2014）。更高级的共情反应受到情境本身和他人的个人特征对其情绪反应的影响（Feshbach, 1987）。对情绪不同方面的理解是共情反应的核心能力（Trentacosta & Fine, 2010）。由此我们可以发现，情绪理解会对共情产生重要影响，与此同时，我们也有理由相信心理理论—情绪理解—共情—道德敏感性这条中介链也可能是存在的。

综上所述，已有研究发现心理理论、情绪理解、共情对道德敏感性都有影响，心理理论对情绪理解和共情也有影响，同时，情绪理解也影响共情。据此，我们推测情绪理解和共情可能在心理理论与道德敏感性之间起着中介作用。从现有文献来看，还没有研究系统探讨过情绪理解和共情在心理理论与道德敏感性之间的作用机制。为此，本研究将探讨情绪理解和共情在心理理论与道德敏感性之间可能存在的中介作用，同时，也将考察模型中其他所有可能的单向路径关系（如图10），提出了以下假设：（1）心理理论对道德敏感性起着直接的正向作用；（2）情绪理解和共情分别在心理理论与道德敏感性之间起着部分中介作用；（3）情绪理解和共情在心理理论和道德敏感性之间起着链式中介作用。

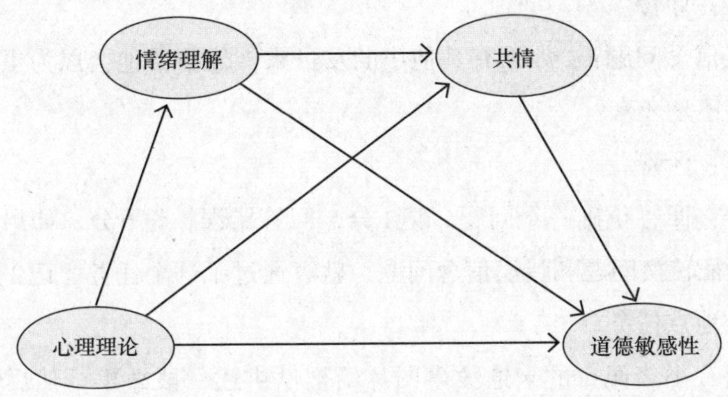

图10 假设模型

5.1.2 研究方法

5.1.2.1 被试

采用随机抽样的方法从两周前在某市一所幼儿园进行的道德敏感性测量幼儿中抽取了170名幼儿作为本研究的被试，对其进行心理理论、情绪理解和共情的测量，最终获得有效数据159份，其中男孩88人，女孩71人，按年龄分成4组：3岁组31人，4岁组48人，5岁组42人，6岁组38人，$M_{年龄}=4.48$岁。

5.1.2.2 研究工具

(1) 心理理论任务

心理理论实验是在Wimmer和Perner（1983）编制的经典实验范式的基础之上进行改编，主要用意外内容和意外地点任务进行测验。

意外内容任务 (Contents False Belief)：

主试向幼儿展示一个牙膏盒，牙膏盒里面装着主试之前就已经放进去的一支笔。主试问被试："这是一个牙膏盒，你觉得牙膏盒里面装的是什么？"让被试判断牙膏盒里面装的是什么，然后让被试打开盒子取出里面的笔，接着，主试让被试把笔重新装回盒子，恢复原状，接下来，主试开始提问（控制问题）"现在牙膏盒里面装的是什么？"（正确答案是笔，答错需要纠正）。

表征转换问题："在没有打开牙膏盒之前，你以为里面装的是什么？是笔还是牙膏？”

答案：牙膏

错误信念问题：“如果有其他小朋友过来，你猜猜他会以为里面装的是什么？笔还是牙膏？”

答案：牙膏

计分：回答正确一个问题，记1分，回答错误，记0分，如果幼儿能正确回答表征转换问题和错误信念问题，就算通过了这个任务，记2分。

意外地点任务：

用画有小猪佩奇的卡通故事图片给被试讲述一段故事，然后让被试回答相应的问题。故事内容：你看，这是小猪佩奇，他在他的房间里玩玩具飞机，过了一会，他想出去玩，就把玩具飞机放在了床上，去外面玩了。过了一会儿，他的妈妈进到了佩奇的房间，看见玩具飞机在床上，觉得有点乱，所以就把它放到了柜子里。

控制问题1：小明最初把玩具飞机放在哪里了（正确答案是床上，答错要纠正）

控制问题2：现在玩具飞机在哪里（正确答案是柜子里，答错要纠正）

测试问题1：过了一会儿，小猪佩奇回来了，他想玩玩具飞机，小猪佩奇会认为飞机在哪里？

答案：床上

测试问题2：小猪佩奇会去哪里找玩具飞机？

答案：床上

控制问题是用于测查被试是否理解和记住了测试任务，不参与评分。当被试正确回答出控制问题后，才能进行测试问题。若被试在主试提示后仍然不能正确回答控制问题，则终止测试。每回答对一道测试问题计1分，回答错误计0分，通过这个任务，记2分。

(2) 情绪理解任务

情绪识别测试：

情绪识别（Emotion Recognition），采用Bierman等人（2008）编制的任

务，包括表情命名和表情指认两个部分。表情命名是指给幼儿呈现四种表情图片（高兴、生气、伤心、害怕），让幼儿分别说出目标表情图片（例如：主试给幼儿呈现高兴的图片，让幼儿回答这是什么表情？），若幼儿能正确命名出相应的表情图片计“2分”，命名错误计“0分”。表情指认是指让幼儿从所给的表情图片中指认出目标表情图片（例如：主试给幼儿同时呈现四张表情图片，分别说“高兴、生气、伤心、害怕”几个词，让幼儿从给出的四张图片中分别指出相应的表情图片），若幼儿可以正确指认计“1分”，指认错误或不指认计“0分”。（Bierman et al., 2008）。本测验包括四种基本情绪，情绪识别得分为四种表情命名和表情指认得分相加总和，总分在0—12分之间。

情绪理解 (TEC)：

情绪理解（Emotion Comprehension），采用Pons等人（2002）编制的情绪情境理解故事进行施测，在这个任务中幼儿要从给出的面部表情图片当中选择一张与所描述的情境相一致的图片，回答正确得“1分”，回答错误得“0分”，共包含“基于愿望的情绪理解；基于信念的情绪理解；基于线索的情绪理解”三个维度，每个维度计分方法一样。（Pons, Harris & Doudin, 2002）例如：基于愿望的情绪理解任务，小女孩喜欢吃蛋糕，小男孩不喜欢吃蛋糕，谁喜欢吃蛋糕（小女孩）？如果送小男孩一个盒子，里面装着一个蛋糕，那么小男孩的心情会怎么样（生气/伤心）？李泉等人（2019）对该测验任务进行了修订。一些关于情绪理解的文献认为情绪识别是情绪理解的基础，也有一些文献认为情绪识别本身就是情绪理解的一部分（Saarni, 1999）。因此，本测验包括两部分：情绪识别和情绪情境故事理解，情绪理解得分等于两个部分得分相加，总分在0—16分之间。

(3)共情任务

常见的测试共情的情境故事任务主要有Feshbach和Roe（1968）编制的情感共情测验（Feshbach Affective Situations Test for Empathy, FASTE）。该共情情感测验（FASTE）有八个情境故事，分别描述了伤心、高兴、愤怒和害怕四种情绪，被试在理解故事后通过情绪图片报告自己的情绪状态。具体方法就是，给一个幼儿呈现一个情境故事的图片，给他们讲一个对应的故事，然后让被试报告他们的情绪状态，或者从这些表情图像中选出一张能代表自己情绪的图片。该测验适用于低年龄段的儿童群体，但只能测量共情中的情感成分（刘秀丽，苏金莲，李月，2013）。针对这一问题，本研究同时参考了Strayer（1993）的移情连续体工具，对测验问题进行了补充，不仅会问幼儿“听完这个故事后你会觉得……”还会问“你觉得小猪佩奇的心情是……”。前者是对情绪共情的考察，后者是对认知共情的考察。

例如：悲伤情境故事：小猪佩奇有一只狗，不管走到哪里，这只狗总会跟着佩奇，狗是佩奇的好朋友，但是今天狗不知道跑哪了，怎么也找不到。佩奇永远失去了这只小狗。

问题1：你觉得故事中佩奇的心情是：A高兴　B伤心/难过　C愤怒/生气　D害怕

问题2：听完这个故事，你会觉得：A高兴　B伤心/难过　C愤怒/生气　D害怕

计分方式：首先，儿童能够正确识别故事中主人公的心情（认知共情），计1分。其次，儿童所报告的情感同故事中主人公的情绪一样时（情感共情），计1分，每个情境故事的计分区间为0到2分，4个情境故事组成的共情测量任务的总分在0—8分之间（Feshbach, 1975）。

(4) 幼儿道德敏感性情境问卷

同研究1。

5.1.2.3 测验过程

将幼儿带到一个安静的房间内，让5位学前教育专业的女大学生作为主试对其进行心理理论、情绪理解、共情测验。测试前，先和幼儿熟悉1分钟左右，接下来告知幼儿要给他讲故事并问他几个问题。由受过培训的主试随机给幼儿边看图画边讲述情景故事（见附录5、6、7）。每听完一个故事请幼儿回答相应的问题，并对幼儿的回答进行记录。为了控制顺序效应，会随机选择情境故事。

5.1.2.4 数据处理

本研究主要使用SPSS22.0和AMOS24.0对数据进行描述性统计、相关分析和模型的构建。对数据的处理分两阶段进行：在第一阶段，我们通过验证性因素分析（CFA）来确认本研究中涉及的四个变量是不同的概念。为此我们比较了4因子模型（心理理论、情绪理解、共情、道德敏感性），3因子模型（考虑基本情绪理解与共情都是和情绪密切相关的观念，把这两个个变量合为一个因子），2因子模型（将心理理论和情绪理解合并为一个因子，将共情和道德敏感性合并为一个因子）以及单因子模型（所有4个因子合为一个因子）。第二阶段，我们采用模型比较方法来评价结构模型。

5.1.3 结果

5.1.3.1 测量模型的检验

根据Gerbing和Anderson（1988）的两步程序，首先在建模之前对测量模型进行检验。我们采用验证性因子分析（CFA）对数据进行分析，以确定这4个因子之间的区别，结果如表11 所示。4因子模型具有可接受的拟合度，显著优于3因子、2因子和单因子模型。说明本文所涉及的4个变量具有良好的辨别效度，它们确实是4个不同的概念。因此可以进行下一步的结构模型分析。

表11 验证性因子分析（$N = 159$）

MODEL	χ^2	*df*	χ^2/df	RMSEA	RFI	NFI	TLI	CFI
1因子	258.72	104	2.49	0.10	0.74	0.78	0.83	0.85
2因子	238.99	103	2.32	0.09	0.76	0.79	0.85	0.87
3因子	169.79	101	1.68	0.07	0.81	0.81	0.90	0.90
4因子	152.51	98	1.55	0.05	0.84	0.87	0.94	0.95

注：1因子模型：所有四个因子合并为一个因子；2 因子模型：将心理理论和情绪理解合并为一个因子，将共情和道德敏感性合并为一个因子；3 因子模型：将情绪理解和共情合并为一个因子；4因子模型：心理理论、情绪理解、共情、道德敏感性。

5.1.3.2 相关分析

对心理理论、情绪理解、共情、道德敏感性的平均值和标准差进行了描述性统计，并对它们之间的相关进行了分析，如表12所示。各变量的相关分析结果表明各变量之间都具有显著的正相关（$p < 0.001$），根据Cohen、胡竹菁和郑昊敏等人提出的观点，积差相关系数本身就能反映出“影响效果”（effect size），可以直接作为一种效应量（Cohen, 1992; 胡竹菁, 2010; 郑昊敏, 温忠麟, 吴艳等, 2011）。根据Cohen界定的积差相关系数的效应量标准（$\rho = 0.1$为小; $\rho = 0.3$为中等; $\rho = 0.5$为大），本研究中所有相关系数均为中等效应量，且所有相关系数的统计检验力均在0.99以上。这也为后续建立结构方程模型提供了必要前提。

表12 心理理论、情绪理解、共情与道德敏感性的描述性统计和相关分析

	M	SD	1	2	3
1 心理理论	1.50	1.29	-		
2 情绪理解	12.01	2.80	0.21**	-	
3 共情	5.16	1.66	0.22**	0.28**	-
4 道德敏感性	3.05	0.85	0.29**	0.38**	0.27**

注：* P<0.05，**P<0.01，下同。

5.1.3.3 情绪理解、共情中介作用模型

运用结构方程模型检验情绪理解、共情在心理理论与道德敏感性间的中介作用。根据Anderson和Gerbing（1992）的两阶段程序分析法，在进行结构模型分析前，首先要用极大似然法对测量模型进行验证性因素分析，结果显示，4因子测量模型拟合良好（$\chi^2/df = 1.27$, RMSEA = 0.04, TLI = 0.97, NFI = 0.89, CFI = 0.97）。其次，进行结构模型分析。根据Baron和Kenny（1986）与温忠麟等人（2004）提出的中介效应检验程序，本研究构建了两个结构模型：（a）不包括中介变量（情绪理解和共情）的直接效应模型，（b）包含中介变量的中介效应模型。如果预测变量（心理理论）到结果变量（道德敏感性）的路径系数在直接效应模型和中介效应模型中均显著，但在中介效应模型中有所降低，则中介变量起部分中介作用；如果预测变量到结果变量的路径系数在直接效应模型

中显著，而在中介效应模型中不显著，则中介变量起完全中介作用。

统计结果显示，心理理论预测道德敏感性的直接效应模型拟合良好（$\chi2$=43.21, $\chi2/df$ = 1.73, CFI = 0.98, TLI = 0.97, NFI= 0.95, RMSEA = 0. 07, RMR = 0.02），心理理论—道德敏感性的标准化路径系数显著（β = 0.39, t = 3.36, p < 0.001），这为进一步构建中介效应模型提供了必要前提。将情绪理解和共情作为中介变量纳入上述模型构建中介效应模型，结果表明，该中介效应模型拟合良好（χ^2= 152.51, df = 98, χ^2/df = 1.56, CFI = 0.95, TLI = 0.94, NFI = 0.87, RMSEA = 0.06）。心理理论—共情这条路径不显著（β = 0.04, t = 1.21, p = 0.24），情绪理解—道德敏感性这条路径也不显著（β = 0.08, t =1.07, p = 0.22），去掉了这两条路径，模型的拟合指数基本没有变化（χ^2 = 167.94, df = 100, χ^2/df = 1.67, CFI = 0.94, TLI = 0.92, NFI = 0.86, RMSEA = 0.07）。按照嵌套模型拟合标准，若$\triangle\chi^2$（$\triangle df$）不显著，表明两模型拟合水平相似，则应取路径较简洁（自由度较大）的模型（林文莺，侯杰泰，2004），这两个模型间的$\triangle\chi^2$（1, N = 159）= 7.71，p > 0.05，不显著，所以最终选择去掉心理理论—共情和情绪理解—道德敏感性这两条路径的模型，具体标准化路径系数见图11。最后，根据修正指数提示对模型做了相应的调整，增加公平和忠诚残差之间的相关后，模型拟合变得更好（χ^2= 138.61, DF = 99, χ^2/df = 1.40, CFI = 0.96, TLI = 0.95, NFI = 0.88,RMSEA = 0.05）。

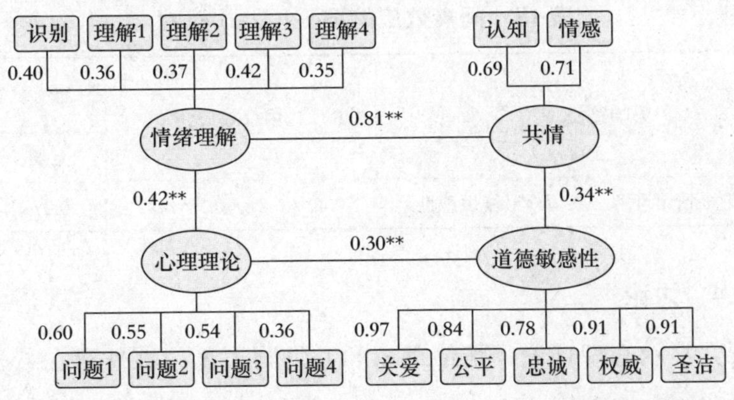

图11 情绪理解、共情在心理理论和道德敏感性之间的链式中介模型

由于心理理论—道德敏感性的路径系数在直接效应模型（$\beta = 0.39$, $t = 3.36$, $p < 0.01$）和中介效应模型（$\beta = 0.29$, $t = 2.54$, $p < 0.01$）中均显著，但在中介效应模型中路径系数值有所降低，因此，情绪理解—共情（$\beta = 0.81$, $t = 2.19$, $p < 0.01$）这条路径起着链式中介作用。链式中介比传统的简单中介更能反映出预测变量和结果变量之间关系的复杂机制问题，因而，能更深入地探讨预测变量和结果变量之间的关系（Taylor, MacKinnon & Tein, 2008；柳士顺，凌文辁，2009）。至此，假设1和假设3得到验证，假设2中情绪理解、共情各自的中介假设不成立，假设模型也得到了验证。

5.1.3.4 影响效应分析

依据Shrout, Bolger（2002）的研究，我们采用Bootstroop检验来验证中介效应的显著性。首先在原始数据（N=159）中，随机抽取2000个样本，然后在AMOS中用已有模型来拟合这些数据，保存下运行1000次的各路径的路径系数，最后再计算出中介效应的平均路径系数。如果这些平均的路径系数95%的置信区间（CI）不包含0，则说明其效应是显著的。本研究中，重新评估的中介效应的95%置信区间均不包含0，这说明其中介效应比较显著，数据见表13。从心理理论到道德敏感性的直接效应是0.29；总间接效应为链式中介效应，即0.12；总效应为直接效应与总中介效应值之和，即0.41。效果量为中介效应值除以总效应，中介路径的效果量分别是29%。

表13 间接效应的 Bootstrap 检验

影响路径	中介效应	95% 的置信区间	
		上限	下限
心理理论→情绪理解→共情→道德敏感性	0.42 × 0.81 × 0.34=0.12	0.07	0.03

5.1.4 讨论

本研究显示心理理论、情绪理解和共情与道德敏感性存在着显著的正相关（r在0.21—0.38之间，$p < 0.01$），这在一定程度上说明这三个变量对道德敏感性均有正向作用。我们在文献综述部分对这种作用做了详细的论

述，本研究也再次验证了以往关于心理理论、情绪理解和共情对道德敏感性的影响。结构方程模型中的心理理论对道德敏感性的直接效应显著（$\beta = 0.29, p < 0.01$）。这说明心理理论对道德敏感性具有正向促进作用，心理理论是提高道德敏感性的必要条件和重要基础。本研究还发现情绪理解—共情在心理理论与道德敏感性间起着链式中介作用，心理理论能有效增强教师的情绪理解（$\beta = 0.42, p < 0.01$）和共情（$\beta = 0.81, p < 0.01$），进而对教师道德敏感性产生重要影响（$\beta = 0.34, p < 0.01$），通过这条链式路径对道德敏感性的效应量达到了29%。这说明情绪理解和共情在心理理论对道德敏感性的提升中起着非常重要的作用。心理理论在转化为共情的过程中，情绪理解也起着重要作用。道德敏感性的提高是包括心理理论、情绪理解和共情在内的各种内在因素共同作用的结果。

Eisenberg等人（2001）认为理解他人的认知能力或倾向与心理理论和情绪理解有关，理解一个人的情况和内在状态（包括情感）可能直接导致亲社会行为。从第二年开始，在整个学龄前阶段，孩子们越来越有能力恰当地使用和理解涉及基本情绪的标签，以及连贯地讨论自己和他人的情绪反应（Pons & Harris, 2005）。在入学前的几年里，孩子们对自己和他人情绪的理解发展得很快。孩子们学习如何标记情绪的面部表情，并将情绪与典型情况联系起来。与此同时，他们开始明白，人们的愿望和信仰有助于产生他们的情感（Denham & Brown, 2010）。儿童的情绪理解是幼儿提高社交情绪技能，如对自己、同学和学校的积极态度，以及减少情绪压力和行为问题的有效预测因子（Durlak, Weissberg, Dymicki, Taylor & Schellinger, 2011）。心理理论是情绪理解的前提，情绪理解又进一步促进共情能力的提高，Dunn等人（1995）曾对46名从2岁9个月开始跟踪研究的儿童在他们幼儿园大班和小学时进行情境故事访谈，多元回归分析表明儿童早期情绪理解、共情能力等变量能较强地预测幼儿园乃至小学一年级时道德敏感性发展的个体差异。

以往关于心理理论、情绪理解、共情对道德敏感性的影响得到了很多研究的支持，本研究构建的链式中介模型，不仅证实了以往研究的结论，而且更进一步阐明了心理理论如何对道德敏感性起作用，揭示了情绪理解和共情在这一过程中所扮演的“角色”，相对深入地探讨了心理理论对道德敏感性的作用机制，对于丰富道德敏感性的影响因素模型具有重要的理论价值。同时，本研究结果也提示我们要科学的认识、促进道德敏感性的提升，就必须充分关注心理理论、情绪理解和共情间的相互作用。应从提升心理理论开始，增强情绪理解，提高共情水平，最终促进道德敏感性的发展。

5.1.5 结论

（1）心理理论对道德敏感性起着直接的正向作用；

（2）情绪理解和共情在心理理论和道德敏感性之间起着链式中介作用。

5.2 研究4 SES对道德敏感性的影响：家庭环境质量和共情的链式中介作用

5.2.1 问题提出

从生态系统论的角度来看，环境是影响个体发展最重要的来源，发展中的个体嵌套于相互影响的一系列环境系统之中，家庭是这个环境中最直接、最有影响力的微观系统，它影响着包括道德敏感性在内的个体的发展。在家庭这个微观环境系统中，社会经济地位和家庭环境质量是两个主要的影响因素，以往的研究发现，它们会对道德敏感性的发展产生重要影响。虽然共情属于个体因素，但以往的研究发现它和道德敏感性密切相关，甚至有研究通过共情工具来测量幼儿道德敏感性，因此，家庭社会经济地位和家庭环境有可能通过共情对道德敏感性产生作用。文献综述部分就这三个变量分别对道德敏感性的影响做了比较详细的论述，下面就这三个变量彼此之间的关系以及和道德敏感性的关系做一梳理。

家庭社会经济地位（SES）会直接对道德敏感性产生影响得到了很多研究的证实。如有研究发现，家庭收入不高往往意味着儿童更多地外化和内化问题（Huisman & Deeg, 2010）。家长的教育水平与儿童的外化问题有关（Bøe, Øverland, Lundervold & Hysing, 2012），母亲教育水平与儿童内化问题相关（Bøe et al., 2012）。这在一定程度上可能也反应了SES对道德敏感性的影响。

实质上SES不仅会直接对儿童的道德敏感性造成影响，更有可能通过家庭环境质量和共情对道德敏感性产生影响。以往的研究发现，低家庭社会经济地位的儿童的家庭物质条件往往较差，例如，他们通常使用电脑的时间更少、拥有的书籍更少、接受的学前教育质量比较低，其父母对孩子的教育期望也较低（Larson, Stedman, Cooper & Decker, 2015）。低社会经济地位的儿童更难得到良好的食物、住宿以及其他物品以促进健康积极的认知发展。而家庭环境质量又和道德敏感性可能存在着一定的关系，如有研究发现，有外化问题的儿童父母报告的不利环境和家庭功能障碍比那些没有表现出问题行为的孩子父母更多（Foley, 2011），在家庭环境温暖而良好、父母态度一致的家庭中，孩子的攻击性更小。在另外一项关于初中生的研究中发现：家庭环境质量中的娱乐性、知识性与攻击性呈显著负相关（王璐等, 2019），最近使用基因知情领养研究的分析发现，即使考虑基因环境相关性，儿童早期CU（child callous–unemotional）行为也与环境有关（Waller et al., 2019）。这些都说明家庭环境质量会对幼儿道德敏感性产生影响。

其实，家庭环境质量不仅会对儿童的道德敏感性产生直接作用，同样也可能通过共情对幼儿道德敏感性产生作用。以往研究发现，家庭环境质量与个体的共情能力呈正相关(王璐等, 2019)，家庭环境的质量会影响共情能力的发展。如有研究发现，父母以情感解释的方式教育孩子，会促进孩子共情能力的发展，亲密、理解型的家庭环境能够为孩子提供轻松的成长环境，容易让孩子具有健康的心理状态，更加善于情感表达，能够体察自己的情绪情感变化，更容易为他人着想（胡文彬等, 2009）。而共情是敏感性的发展动力和基础已经被大量的研究所证实（Decety & Cowell, 2014），甚至在一些文献中直接用共情来测量和研究道德敏感性（Lovecky, 2009）。因此，家庭环境质量很有可能会进一步通过共情对道德敏感性产生影响。

从以往的文献梳理中可以发现，SES不仅会直接对道德敏感性产生影响，还可能会通过家庭环境质量和共情对道德敏感性产生影响。据此，本研究提出假设1：SES对道德敏感性具有直接的正向作用；假设2：家庭环境质量和共情各自在SES和道德敏感性之间起着部分中介作用。假设3：家庭环境质量、共情在SES和道德敏感性之间起着链式中介作用，假设模型见图12。

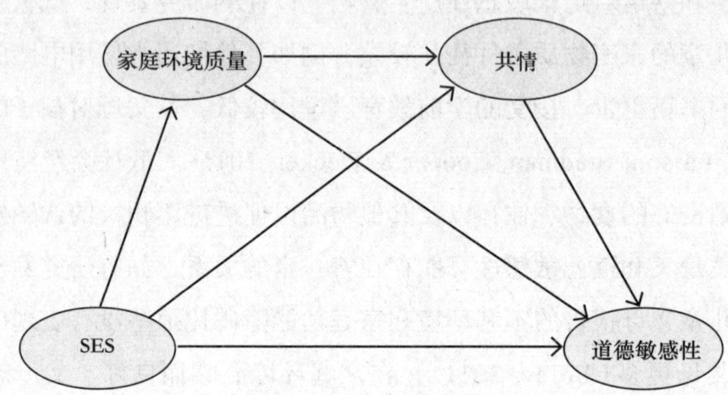

图12　SES、家庭环境质量和共情对道德敏感性作用的假设模型

5.2.2　研究方法

5.2.2.1 被试

采用整群抽样的方法选取三所幼儿园的1300名幼儿作为被试接受道德敏感性情境问卷测试，最终获得有效问卷1260份，在三所幼儿园中选取孩子的第一抚养人800人作为被试，调查家庭环境质量、气质、共情能力、家庭社会经济地位等信息，其中第一抚养人和孩子匹配的数据685份，男孩368人，女孩317人；按年龄分成5组：3岁组51人，4岁组179人，5岁组222人，6岁组203人，7岁组30人，M年龄=4.97岁，SD年龄=1.01岁。

5.2.2.2 研究工具

幼儿道德敏感性情境问卷，同研究1。

家庭环境量表中文版（FES－CV）由费立鹏等人在Moss编制的家庭环境量表（FES）的基础上修订而成。该量表含有10个分量表，分别评价10个不同的家庭社会和环境特征，分别是：（1）亲密度（Cohesion），（2）情感表达（Expressiveness），（3）矛盾性（Conflict），（4）独立性（Independence），（5）成功性（Achievement orientation），（6）知识性（Intellectual—Cultural orientation），（7）娱乐性（Active Recreational orientation），（8）道德宗教观（Moral Religious Emphasis），（9）组织性（organization），（10）控制性（Control）。此量表含有90个是非题，1代表是，2代表否，分别评价10个不同的家庭环境特征。本研究中该量表各分量表的内部一致性系数为0.58—0.76。

儿童共情能力父母评定量表（The Griffith Empathy Measure，GEM），该量表由Dadds 等人（2008）编制，本研究采用了问卷的中文修订版本（Zhang et al., 2014）。量表共包含17 个条目，测量共情的三个成分，即认知成分、情绪成分和行为成分，本研究只选用了其中的认知维度和情绪维度。在本研究中，GEM量表的内部一致性系数为0.79，其中情绪共情为0.78、认知共情为0.76。

家庭社会经济地位问卷（SES），家庭社会经济地位的指标一般包括父母职业、父母受教育程度和家庭月收入。本研究参考了师保国和申继亮（2007）的研究，依照有关职业分类的标准对其进行编码。研究中的职业分类包括八种，分别赋予1～8的分值：①临时工、无工作或待业中；②体力劳动者或个体经营者；③生产、运输设备操作人员；④农、林、牧、渔、水利业生产人员；⑤商业、服务业人员；⑥公务员或公司职员；⑦专业技术人员（如教师、医生）；⑧政府、事业单位或公司管理干部。父母受教育程度按照“文盲”“小学”“初中及以下”“高中或中专”“大学（专科或本科）”“研究生”6个类别排列，分别赋予1～6的分值。最后，把职业等级、受教育程度和家庭收入各自得分转化为标准分数后加起来记为SES总分。

5.2.2.3 **测验过程**

对幼儿道德敏感性的测验要带领幼儿到安静的房间内进行个别施测，同研究1，对家庭社会经济地位、家庭环境质量、共情的测量都通过向家长发放问卷的形式获得有关数据。

5.2.2.4 **数据处理**

本研究主要使用SPSS22.0和AMOS24.0对数据进行描述性统计、相关分析和模型的构建。在模型构建部分对数据分两阶段进行处理：在第一阶段，我们通过验证性因素分析（CFA）来确认本研究中涉及的四个变量之间的区别。为此我们比较了4因子模型（SES、家庭环境质量、共情、道德敏感性），3因子模型（考虑到在很多文献中人们通过共情测量道德敏感性，因此将共情和道德敏感性合为一个因子），以及单因子模型（所有4个因子合为一个因子）。第二阶段，我们采用模型比较方法来评价结构模型。

5.2.3 研究结果

5.2.3.1 家庭环境质量和道德敏感性的关系

对幼儿所处的家庭环境质量和道德敏感性进行相关分析，结果发现家庭环境质量中的知识性和娱乐性因子与道德敏感性各维度之间均存在显著相关，具体结果如表14所示。

表14 家庭环境质量和道德敏感性的相关

	关爱	公平	忠诚	权威	圣洁	整体
亲密度	0.04	0.05	0.10*	0.05	0.07	0.04
情感表达	0.04	0.11*	0.05	0.05	0.06*	0.05
矛盾性	0.12*	0.04	0.05	0.11*	0.04	0.05
独立性	0.04	0.06	0.06	0.05	0.12*	0.05
成功性	0.06	0.07	0.05	0.08	0.11*	0.06
知识性	0.24**	0.16*	0.19**	0.25**	0.16*	0.27**
娱乐性	0.18**	0.15*	0.21**	0.22**	0.15*	0.23**
道德观	-0.04	0.06	0.11*	-0.04	-0.10	-0.05
组织性	-0.07	-0.05	0.04	-0.05	-0.12*	-0.03
控制性	0.12*	0.06	0.08	0.13*	0.05	0.12*

5.2.3.2 测量模型的检验

根据Anderson & Gerbing (1992) 的两步程序，首先在建模之前应先对测量模型进行检验。我们采用验证性因子分析(CFA) 对正式调查所获得的数据进行分析，以确认这4个因子之间的区别。假设的4因子模型具有可接受的拟合度，显著优于3因子、2因子和单因子模型，说明本文所涉及的4个变量具有良好的辨别效度，它们确实是4个不同的概念，因此可以进行下一步的结构模型分析。结果如表15所示。

表15　不同因子模型比较

MODEL	χ^2	df	χ^2/df	RMSEA	RFI	NFI	TLI	CFI
1因子	763.06	54	14.13	0.14	0.78	0.82	0.79	0.83
2因子	475.01	53	8.96	0.11	0.86	0.89	0.87	0.90
3因子	280.79	51	5.51	0.07	0.91	0.93	0.93	0.94
4因子	113.31	48	2.36	0.05	0.96	0.97	0.98	0.98

5.2.3.3 相关分析

对SES、家庭环境质量、共情、道德敏感性的平均值和标准差进行了描述性统计，并对它们之间的相关进行了分析，如表16所示。相关分析结果表明各变量之间都具有显著的正相关（$p < 0.001$），根据 Cohen、胡竹菁和郑昊敏等人提出的观点，积差相关系数本身就能反映出“影响效果”(effect size)，可以直接作为一种效应量（Cohen, 1992; 胡竹菁, 2010; 郑昊敏, 温忠麟, 吴艳等, 2011）。依据Cohen界定的积差相关系数的效应量标准（$\rho = 0.1$为小; $\rho = 0.3$为中等; $\rho = 0.5$为大），本研究中所有相关系数均在中等效应量左右。这也为后续建立结构方程模型提供了必要前提。

表16　SES、家庭环境质量、共情与道德敏感性的描述性统计和相关分析

	M	SD	1	2	3
1 SES	0.10	2.25	—		
2 家庭环境质量	5.28	1.88	0.23**	—	
3 共情	6.12	0.78	0.18**	0.25**	—
4 道德敏感性	2.09	0.73	0.17**	0.17**	0.35**

注：* P<0.05，**P<0.01，下同。

5.2.3.4 家庭环境质量、共情中介作用模型

运用结构方程模型检验家庭环境质量、共情在SES与道德敏感性间的中介作用。根据 Anderson和Gerbing(1992)的两阶段程序分析法，在进行结构模型分析之前，首先用极大似然法对测量模型进行验证性因素分析，结果

显示，4因子测量模型拟合良好（χ^2/df=2.36, RMSEA=0.05, TLI=0.98, NFI=0.97, CFI=0.98）。其次，进行结构模型分析。根据Baron和Kenny（1986）与温忠麟等人（2004）所建议的中介效应检验程序，本研究构建了两个结构模型：(a)不包括中介变量（家庭环境质量和共情）的直接效应模型，(b)包含中介变量的中介效应模型。如果预测变量(SES)到结果变量(道德敏感性)的路径系数在直接效应模型和中介效应模型中均显著，但在中介效应模型中有所降低，则中介变量起部分中介作用；如果预测变量到结果变量的路径系数在直接效应模型中显著，而在中介效应模型中不显著，则中介变量起完全中介作用。

统计结果显示，SES预测道德敏感性的直接效应模型拟合良好（χ^2=68.27, χ^2/df = 3.59, CFI= 0.99, TLI= 0.98, NFI= 0.98, RMSEA = 0. 06, RMR = 0.02)，SES—道德敏感性的标准化路径系数显著（β = 0.24, t = 4.59, p < 0.001），这为进一步构建中介效应模型提供了必要前提。将家庭环境质量和共情作为中介变量纳入上述模型构建中介效应模型，结果表明，该中介效应模型拟合良好（χ^2 = 113.31, df = 48, χ^2/df = 2.36, CFI = 0.98, TLI = 0.98，NFI = 0.97, RMSEA = 0.05）。SES—共情这条路径不显著（β = 0.10，t = 1.62, p = 0.105），家庭环境质量—道德敏感性这条路径也不显著（β = 0.05，t = 1.10，p = 0.27），去掉了这两条路径，模型的拟合指数基本没有变化（χ^2 = 116.82, df = 50，χ^2/df = 2.34, CFI = 0.98, TLI = 0.98, NFI = 0.97, RMSEA = 0.04）。按照嵌套模型拟合标准，若$\Delta\chi^2$（Δdf）不显著，表明两模型拟合水平相似，则应取路径较简洁（自由度较大）的模型（林文莺，侯杰泰，2004)，这两个模型间的$\Delta\chi^2$ (1, N = 865) = 1.755，p > 0.05，不显著，所以最终选择去掉SES—共情、家庭环境质量—道德敏感性这两条路径的模型，具体标准化路径系数见图13。最后，根据修正指数提示对模型做了相应的调整，增加公平和忠诚残差之间的相关后，模型拟合得更好（χ^2= 72.61, DF = 49, χ^2/df = 1.48, CFI = 0.99, TLI = 0.99, NFI = 0.98, RMSEA = 0.03）。

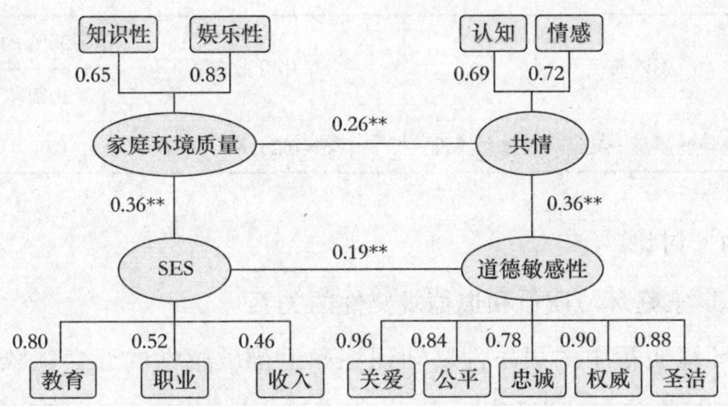

图13　家庭环境质量、共情在SES和道德敏感性之间的链式中介模型

由于SES—道德敏感性的路径系数在直接效应模型（β= 0.24, t = 4.59, p < 0.001）和中介效应模型（β = 0.19, t = 4.12, p < 0.001）中均显著，但在中介效应模型中路径系数值有所降低，因此，家庭环境质量—共情（β = 0.26, t = 4.19, p < 0.001）这条路径起着链式中介作用。至此，假设1和假设3得到的验证,假设2中的情绪理解和共情各自的中介假设不成立，假设模型得到了验证。

5.2.3.5 影响效应分析

依据 Shrout和Bolger（2002）的研究，我们采用 Bootstroop 检验来验证中介效应的显著性。首先在原始数据(N=685)中，随机抽取2000个样本，然后在AMOS中用已有模型来拟合这些数据，保存下1000次运行的各路径的路径系数。最后再计算出中介效应的平径路径系数。本研究中，重新评估的几个中介效应的 95% 置信区间均不包含0，这说明其中介效应比较显著。数据显示见表17。从SES到道德敏感性的直接效应是0.19；总间接效应为链式中介效应，即0.03 ；总效应为直接效应与总中介效应值之和，即0.22。效果量为中介效应值除以总效应，中介路径的效果量分别是14%。

表 17　间接效应的 Bootstrap 检验

影响路径	中介效应	95% 的置信区间	
		上限	下限
SES →家庭环境质量→共情→道德敏感性	0.36 × 0.26 × 0.36=0.03	0.08	0.03

5.2.4　讨论

5.2.4.1 家庭环境质量和道德敏感性的关系

家庭环境质量中的娱乐性、知识性和道德敏感性的五个领域均存在相关。娱乐性是指参与社交和娱乐活动的程度，这一维度反映了家庭日常生活中在社交和娱乐活动中的参与程度和丰富性。道德规范来自生活和社会需要，娱乐性有助于幼儿了解更多的社会生活，积累更多的社会经验，这对提高幼儿各领域的道德认识具有积极意义，从而使其道德敏感性有所增强。另外，娱乐性有助于一个家庭形成民主、轻松的家庭氛围，这有助于幼儿和别人形成彼此信任、彼此关心的关系，幼儿可以在家庭中自由表达自己的观点，家庭成员之间互相尊重，容易形成平等的社会关系，这也有助于幼儿对公平的理解。知识性是指家庭成员对政治、社会、智力和文化活动的兴趣大小。个体对世界的认识主要来自两种途径，一种是通过和世界的直接接触来了解世界，另一种途径是通过书本、媒体等间接的方式来认识世界。同时，知识性体现了家庭对这个世界进行认识的一种兴趣，也体现了家庭成员的一种生活方式，这种方式会让家庭成员对人和人之间的关系、社会的运行规则以及这个世界的认识更加深刻。越来越多的研究也发现，对于道德而言，其核心本质是避免各种伤害并且维持人和人、群体和群体之间的平等相处，在高知识性家庭中，成员对道德本质的理解可能更加深刻，而这种知识性的家庭环境质量不仅会增强孩子对认识世界的兴趣，也会让孩子对这个世界各个领域的核心运行规则有所了解，关爱、公平这些基本的价值理念就会在无形中融入他们的血液。而对我们这个有着悠久农耕文化的国家来讲，权威依然在生活中扮演着极其重要的角色，社会中的很多上下级之间的层级关系都体现在权威上，它是现阶段社会良好运行的必然要求，对于知识性高的家庭而言，家长能够意识到这点，家庭成员之间尊老爱幼的意识可能也会更强。另外，在幼儿阶段，父母始终是孩子的“权威”，生活中大部分的活动都由父母安排，幼儿对于世界的认识也基本依赖于父母，这一阶段，父母的权威性也体现得比较突出，因此幼儿的权威道德敏感性也会比较高，总之，家庭的知识性有助于幼儿各领域道德敏感性的提高。

5.2.4.2 家庭环境质量和共情在SES和道德敏感性之间的中介作用

本研究发现SES不仅会直接对幼儿的道德敏感性产生影响，还会通过家庭环境质量和共情的链式中介对幼儿道德敏感性产生影响。SES会对幼儿道德敏感性产生直接影响，高SES家庭首先在物质方面可能会给孩子创造一个更丰富的世界，诸如，家里可能会有数量更多、配置更高的玩具，更多的藏书，更多的旅游机会等，而这对于增加孩子的道德图式不无好处。接受了高水平教育的家长，会有更强的知识性和学习意识，更懂得如何引导孩子去探索未知的世界，探讨社会的运行规则，思考更多的道德问题。在以往的研究中也发现和SES相关的一些变量至少和儿童道德行为之间存在一定的相关，在对家庭收入的研究中，多次发现家庭收入与儿童问题行为（Child conduct problems，CP）之间存在负相关(Yoshikawa, Aber & Beardslee, 2012)。另一项元分析研究发现家庭收入与儿童情感冷漠行为（child callous–unemotional，CU）CU行为之间存在负相关 (Piotrowska, Stride, Croft & Rowe, 2015）。这些研究也在一定程度上印证着本研究的结论1。

SES会对家庭环境质量，尤其是家庭环境质量中的知识性和娱乐性产生影响。SES高意味着父母的教育程度会更高，而教育程度高的父母更有可能为孩子创设知识性的环境，如会给孩子买更多的书籍，会参与更多的早教活动，也会借助书籍和其他途径不断提升自己的文化水平和育儿能力，这种家庭不论从外在的藏书量，还是从父母内在的阅读量和学习意识以及学习氛围等都会体现出家庭环境质量的知识性。绘本故事中人物之间的关系会间接地让孩子在幼儿期就能了解到如何和人相处，知道如何站在别人的角度思考问题，当别人处于痛苦之中时如何给予安慰和表达同情，同时也在不断地辨识着“好人”“坏人”。而SES中的职业和家庭收入在很大程度上预示着一个家庭的生活方式，社会职业层级和经济收入高的家庭更有可能去各地旅游，见识更丰富的世界，同样可能会结识更多类似的人作为朋友，从而为孩子创设一个更加丰富多彩的微型道德世界，而这个世界所涉及的道德领域就会更加广泛，规则和价值观可能就会更加多元，孩子对不同人的行为方式和思维方式更容易理解，对人和人之间形成的各种道德原则就会更加敏感。

家庭环境质量会对共情产生影响进而对道德敏感性产生影响。这一结论也得到了以往一些相关研究结果的支持，如有研究发现，父母的温暖与共情、道德敏感性之间存在一定关联（Daniel, Madigan & Jenkins, 2016; Miklikowska, Duriez & Soenens, 2011）。以母亲积极影响和鼓励为特征的温暖和支持与5至7岁儿童的同情心呈正相关，父母的敏感性和反应性与孩子的共情和道德敏感性呈正相关（Laible, Carlo, Davis & Karahuta, 2016）。还有一些研究发现，高质量的亲子关系如安全依恋等与孩子的共情能力和道德敏感性相关，父母和孩子温暖亲密的行为可以预测孩子对他人的关心（Yoo, Feng & Day, 2013）。Taylor等人（2013）的研究表明，当母亲鼓励18个月大的孩子表达自己的情感时，他们在2岁时被认为更有同情心。除了鼓励情绪的表达外，父母在应对幼儿痛苦时使用的问题解决策略也与幼儿的共情和道德敏感性有关（Scrimgeour, Davis & Buss, 2016），如果母亲能理解孩子的感受，知道怎么样安慰他们，那么孩子的共情能力就相对较高（Vinik, Almas & Grusec, 2011）。而对于个体来说，共情能力强，才有可能站在他人角度看待问题，体会他人感受，进而促进个体间的交流。共情能力较弱时，个体无法理解别人的想法，不能与他人正常交往，甚至可能出现暴力行为（Decety & Cowell, 2014）。这些研究也印证了本研究的假设3，即SES可以通过家庭环境质量和共情的链式中介影响道德敏感性。

5.2.5 结论

（1）家庭环境质量中的娱乐性、知识性和道德敏感性之间存在正相关。

（2）家庭环境质量和共情在SES和道德敏感性之间起着链式中介作用。

5.3　研究5 家庭环境质量对道德敏感性的影响：气质的调节作用

5.3.1　问题提出

根据生态系统理论的观点，个体因素和环境因素交互影响着人的发展，幼儿道德敏感性作为人的发展的一部分，同样也会受个体因素和环境因素交互影响。生态系统理论从宏观上对包括道德敏感性在内的人的发展做出了比较充分的解释。差别易感模型在很多观点上和生态系统理论一致，甚至可以说是生态系统理论的一种呈现形式，它在相对微观的层面将这种交互作用揭示得更加清楚，差别易感模型认为环境对个体发展的影响受到个体易感性因素的调节。对幼儿而言，气质是最典型的个体易感性因素，因此，以幼儿气质为调节变量，来探测其在家庭环境质量对幼儿道德敏感性发展中的作用具有重要意义。

家庭环境质量对幼儿道德发展的影响会受到个体自身变量的调节。如有研究发现，父母营造的家庭环境质量与儿童的帮助、分享和共情等有关，且会受到孩子自身调节能力的调节（Brownell, Svetlova, Anderson, Nichols & Drummond, 2013; Drummond , Paul, Waugh, Hammond & Brownell, 2014）。Davidov和Grusec（2006）的研究表明，母亲对孩子痛苦的及时反应与孩子的共情和亲社会行为呈正相关，但这种关系是由孩子的调节能力调节的。其他研究也支持这样的观点，即父母的社会化实践通过影响孩子的调节技能来预测孩子的亲社会行为和共情等相关的反应（Taylor, Eisenberg & Spinrad, 2015; Williams, Berthelsen, Walker & Nicholson, 2017）。

道德敏感性发展同样受到家庭环境和个体因素两方面的共同影响，而家庭环境质量的效果似乎是特定于孩子的气质类型。差别易感性假说认为，具有不同气质特征的个体对社会化影响的易感性不同 (Belsky, 2005)。一般来说，困难气质的儿童更容易受到他们成长环境的影响，困难气质反映了他们对积极和消极环境影响的神经敏感性。这些孩子更容易受到消极的教育方式的惩罚，同时也更容易从温暖和敏感的教育实践中受益。研究表明，对具有困难气质的儿童而言，早期的严厉看护预示着随后外化问题的发生。Lengua（2006）发现，不一致的纪律和儿童外化问题之间的联系被儿童高水平的努力控制减轻了，但被儿童的高度沮丧/愤怒加剧了,父母管教不一致与高冲动儿童的外化问题密切相关。

从以往的文献梳理中可以发现，家庭环境和气质对幼儿道德发展的作用机制很复杂（Trevino, 1986），家庭环境质量对幼儿道德敏感性的影响会受到气质的调节。尽管以往研究对此也做了比较深入的探讨，但仍存在两个方面的问题，一方面，尽管以往就如家庭环境和气质对儿童共情、亲社会等道德问题的交互作用有所研究，但就这两个因素对道德结构中的核心要素——道德敏感性影响机制的研究却不多见；另一方面，以往研究尽管就家庭环境和气质对道德发展的交互影响给予了充分肯定，但气质中的那些因子对家庭环境质量中的那些因子具有调节作用，以往的研究没有对比给予充分讨论。本研究在以往研究的基础上将深入探讨家庭环境因素和气质对幼儿道德敏感性的交互作用，据此，本研究提出假设1：气质和道德敏感性之间存在相关；假设2：家庭环境质量对道德敏感性的影响受到气质的调节。假设模型如图14所示。

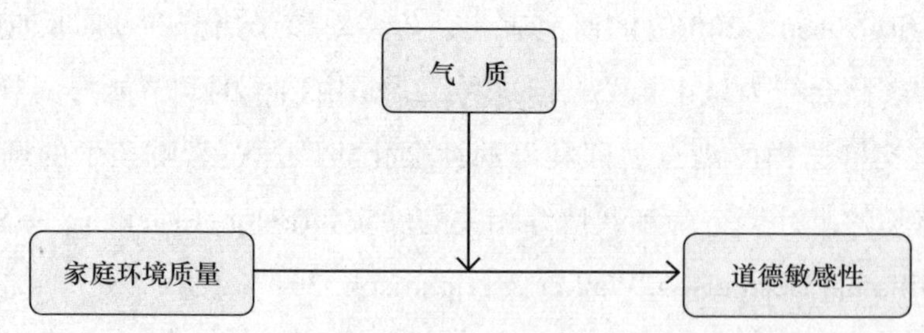

图14　家庭环境质量和气质的交互作用假设模型

5.3.2　研究方法

5.3.2.1 被试

同研究4。

5.3.2.2 研究工具

《幼儿道德敏感性情境问卷》同研究1。

《家庭环境量表中文版》同研究4。

《3—7岁儿童气质量表（CPTS）》，Thomas和Chess提出儿童气质包括九个维度，即：活动性（Activity Level）、节律性（Rhythmicity）、趋避性（Approach-Withdrawal）、适应性（Adaptability）、反应阈限（Threshold of Response）、反应强度（Intensity of Response）、情绪本质（Mood）、坚持度（Persistence）、注意分散度（Distractively），并将儿童气质类型分为“难养型”（Difficult）“启动缓慢型”（Slow-to-Warm-up）“易养型”（Easy）三种主要类型，其余为中间型。在Thomas和Chess的九个气质维度的基础上，1977年，NYLS小组设计了家长评定的3—7岁儿童气质量表（Parent Temperament Questionnaire，简称PTQ）。该量表共有72个条目，九个维度，每个维度有8个条目。由最了解孩子的抚养者根据孩子最近一年的表现来评定，采用7点量表进行评分，整个测验大约需要20分钟。本研究中该量表各分量表的内部一致性系数为0.61—0.74。

5.3.2.3 数据处理

本研究主要使用SPSS20.0对气质、家庭环境质量和道德敏感性等数据进行相关分析和回归分析。

5.3.3 结果

5.3.3.1 气质和道德敏感性的关系

(1) 幼儿气质和道德敏感性相关

将气质9个维度和道德敏感性的5个维度及整体道德敏感性进行相关分析，结果如表18所示。

表18　气质和道德敏感性的相关

	关爱	公平	忠诚	权威	圣洁	整体
活动性	-0.06	-0.07	-0.02	-0.06	-0.08	-0.06
规律性	0.08*	0.09*	0.08*	0.09*	0.07	0.06

续表

	关爱	公平	忠诚	权威	圣洁	整体
趋避性	0.16**	0.09*	0.12**	0.13**	0.15**	0.14**
适应性	0.06	0.06	0.03	0.04	0.03	0.05
反应强度	-0.11*	-0.09*	-0.07	-0.09*	-0.12**	-0.10*
情绪本质	0.03	0.04	0.04	-0.04	-0.03	-0.04
坚持度	0.10*	0.04	0.09*	0.10*	0.09*	0.09*
注意分散	0.01	0.02	0.01	0.04	0.01	0.01
反应阈	-0.09*	-0.10*	-0.08*	-0.07	-0.06	-0.09*

结果发现，气质的活动性、适应性、情绪本质、注意分散和道德敏感性及其各维度均不相关，气质的规律性、趋避性、反应强度、坚持度、反应阈5个维度除规律性和圣洁不相关，反应强度和忠诚不相关，坚持度和公平不相关，反应阈和权威、圣洁不相关外，其余均和五个道德敏感性维度相关。

(2) 不同气质类型幼儿道德敏感性差异比较

依据《3—7岁儿童气质量表（CPTS）》中气质类型的划分标准，将气质分为难养型、易养型、启动缓慢型三种类型，不同气质类型幼儿五领域道德敏感性得分如表19所示：

表19　不同气质类型幼儿五领域道德敏感性比较

	关爱	公平	忠诚	权威	圣洁	整体
难养型（122）	1.84 ± 0.95	1.73 ± 1.02	1.63 ± 1.01	1.86 ± 1.02	1.88 ± 1.01	1.79 ± 0.95
易养型（65）	2.17 ± 0.82	1.95 ± 0.92	1.83 ± 0.88	2.23 ± 0.85	2.13 ± 0.88	2.06 ± 0.79
缓慢型（96）	1.97 ± 0.84	1.80 ± 0.97	1.66 ± 0.91	1.98 ± 0.88	2.00 ± 0.90	1.88 ± 0.83

对不同气质类型幼儿五领域道德敏感性进行单因素方差分析，发现在关爱（$F(2, 280) = 2.96, p < 0.05, \eta^2 = 0.21$）、权威（$F(2, 280) = 3.19, p < 0.05, \eta^2 = 0.21$）以及整体道德敏感性（$F(2, 280) = 2.08, p < 0.05, \eta^2 = 0.21$）上存在显著差异，进一步的事后检验表明在关爱、权威及整体道德敏感性上难养型和易养型幼儿之间存在差异，其他类型之间在五个领域上均没有显著差异。

5.3.3.2 家庭环境质量对道德敏感性的影响：气质的调节

将家庭环境质量中对道德敏感性有预测作用的因子作为自变量，以气质的各个因子作为调节变量，对道德敏感性的影响进行交互作用检验，发现家庭环境质量中的娱乐性因子对道德敏感性的影响会受到气质中活动性的影响，为了进一步探讨它们之间的关系，将对道德敏感性有影响的性别和年龄因素进行了控制，以便揭示娱乐性和活动性对道德敏感性的交互作用。

（1）家庭环境质量、气质、道德敏感性的相关分析

对家庭环境质量、气质和道德敏感性进行相关分析，结果发现，家庭环境质量的娱乐性与气质中的活动性显著负相关（$r = -0.16, p < 0.01$），与道德敏感性显著正相关（$r = 0.14, p < 0.01$），如表20所示：

表20　家庭环境质量、气质与道德敏感性的相关矩阵

	M	SD	1	2	3	4
1 性别						
2 年龄	4.94	1.02	-0.05			
3 娱乐性	5.60	2.29	-0.04	0.03		
4 活动性	3.99	0.77	-0.07	-0.07	-0.16**	-
5 道德敏感性	2.04	0.70	0.03	0.38**	0.14**	-0.06

（2）家庭环境质量与气质对道德敏感性的交互影响

在本研究中，我们主要采用了层次回归的方法检验了家庭环境质量与气质对幼儿道德敏感性的影响。根据Baron和Kenney（1986）的建议，在统计分析中分三步使各个变量分别进入回归方程。第一步，先将性别、年龄作为控制变量；第二步采用逐步进入的方式将自变量娱乐性和调节变量活动性放入方程；第三步把娱乐性和活动性的交互项放入回归方程。另外，研究还引入自变量和调节变量交互项后方程增加的解释量（ΔR^2），即调节变量对自变量和因变量之间关系的调节程度，假设该效应显著，那么说明影响作用显著。为了避免可能存在的共线性问题，根据有关研究，我们对自变量以及调节变量先进行了中心化（Aiken & West, 1991）。结果显示（见

表21），当以道德敏感性为因变量时，娱乐性的主效应显著（$\beta = 0.14$, $t = 3.80$, $p < 0.01$），即娱乐性能够显著正向预测道德敏感性；活动性的主效应显著（$\beta = 0.19$, $t = 2.09$, $p < 0.05$）；娱乐性与活动性的交互效应显著（$\beta = -0.45$, $t = -2.30$, $p < 0.01$），即活动性显著调节了娱乐性与道德敏感性的关系，如表21所示。

表21　气质对家庭环境质量的调节

	M1		*M2*		*M3*	
	β	t	β	t	β	t
控制变量						
性别	0.02	0.42	0.02	0.44	0.02	0.42
年龄	0.38	10.69***	0.38	10.67***	0.37	10.64***
主效应						
娱乐性			0.14	3.80***	0.56	2.98**
活动性			-0.00	-0.10	0.20	2.20*
交互效应						
娱乐性 × 活动性					-0.45	-2.30*
R2	0.14		0.16		0.17	
ΔR2	0.14		0.020		0.01	
F	57.09***		7.47**		5.30*	

为了进一步了解娱乐性和不同活动性水平如何交互影响个体道德敏感性，需要按照相关研究的分析程序对具有显著性的交互项进行简单斜率分析（Aiken & West, 1991）。将活动性高于平均数一个标准差的被试定义为高活动性组，把活动性低于平均数一个标准差的被试定义为低活动性组，分别计算两组在娱乐性预测道德敏感性的简单斜率。结果显示，对于高活动性组，家庭娱乐性对道德敏感性的预测不显著；对于低活动性组，家庭娱乐性可以显著正向预测被试的道德敏感性（simple slope = 0.072, 95%CI（0.04, 0.11）），也就是说，低活动性幼儿成长在娱乐性较低的家庭，其道德敏感性更低，而成长在娱乐性较高的家庭的幼儿，其道德敏感性更高，而活动性比较高的幼儿道德敏感性受到家庭娱乐性影响的作用不显著（simple slope =0.021, 95%CI（-0.01, 0.05）），见图15。

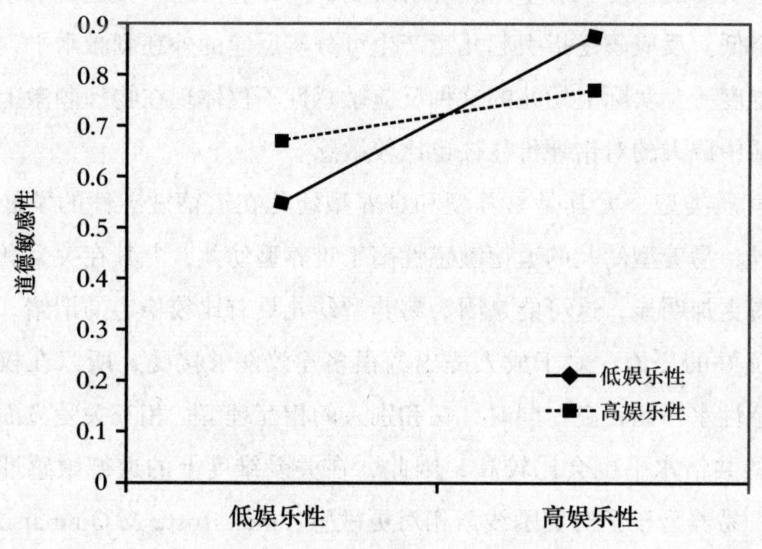

图 15　活动性和娱乐性的交互作用

5.3.4　讨论

5.3.4.1　气质和道德敏感性关系

气质中的规律性、趋避性、反应强度、坚持度、反应阈等维度和幼儿道德敏感性的发展密切相关。规律性是指儿童反复性生理功能如睡眠、饮食、排便的规律性。道德往往表现为一些具体的规则，规律性比较强的幼儿不仅会遵循生活规律，对道德层面的规律往往也表现得比较敏感，能够按照成人要求的规则行事。趋避性是指对新刺激如新食物、新玩具、陌生人、新情境的最初反应。道德敏感性本身也是指个体对某一道德情境或事件最初的反应，只不过这种反应性更多地集中在道德领域而已，因此两者在本质上都反映了个体面对新事物的一种反应能力。气质中的反应强度就是个体面对问题时的情绪反应性，不同的个体面对同一问题时的情绪反应有所不同，个体气质中的这一维度和道德敏感性各个维度均相关也说明了两者之间的一种密切关系。坚持度是指活动持续的时间长度和克服阻碍继续进行的能力，如做事情的坚持性、对别人建议的接受、是否易哄等。对道德评价标准的坚持或者说对某种价值观的坚持，也是道德敏感性的一个重要体现，如果个体对某种道德现象所持的态度不够坚定、容易改变，那么它对这一类道德现象的敏感性也会降低。反应阈是指引起儿童产生可分辨反应的外在刺激水平，如对声、光、温度等。实际上幼儿的这种反应敏感性不仅体现在物理刺激上，对于日常生活中成人的对错评价往往也比较敏感。

不同气质类型，尤其是易养型和难养型幼儿在道德敏感性的发展上存在明显差异，易养型幼儿的道德敏感性高于难养型幼儿，尤其在关爱和权威领域表现得更加明显，这可能是因为易养型幼儿具有比较稳定的情绪，能和成人进行良好的交流，对于成人提出的很多建议能够接受，所以在权威维度上的敏感性水平比较高。同时，在和别人的相互理解、相互关爱方面，易养型幼儿的共情水平也会比较高，因此，在关爱维度上的道德敏感性水平也比较高。易养型孩子对奖励线索相对更敏感(Polak-Toste & Gunnar, 2006; Rothbart et al., 2006)，因此，对于道德上的正确行为在得到成人的表扬后会对正确的事情变得更加积极，同时，易养型孩子对错误行为的感知不太容易引起情感上的不适反应，这就决定了他们对错误的事情能够正确的面对，避免错误行为的出现。

5.3.4.2 娱乐性、活动性和道德敏感性的关系讨论

娱乐性是指幼儿参与社交和娱乐活动的程度，这一维度反映了家庭日常生活中的幼儿在社交和娱乐活动中的参与程度和丰富性。活动性是指幼儿身体的运动量，如幼儿洗澡、室内外活动、玩耍等时候的活动水平。活动性大的幼儿接触的事物会相对比较丰富，这对于增加他们的道德图式很有帮助，这种道德信息的增加在一定程度上也会提升其道德敏感性水平。娱乐性对道德敏感性的影响受到幼儿活动性的调节，对于高活动性幼儿，家庭娱乐性对道德敏感性的作用不显著，但对于低活动性幼儿来说家庭娱乐性对孩子道德敏感性的影响却非常显著。低活动性幼儿，成长在娱乐性较低的家庭，其道德敏感性更低，而成长在娱乐性较高的家庭的幼儿，其道德敏感性更高。道德规范来自于生活和社会需要，娱乐性有助于幼儿了解更多的社会生活，积累更多的社会经验，这对提高幼儿各领域的道德认识具有积极意义，高娱乐性家庭会有更多的外出旅游、朋友聚会等活动，

这些活动不仅有助于成人良好社会关系的建立，对幼儿认识社会、了解人与人之间的相处之道都很有帮助，这同样对提升孩子道德敏感性具有重要意义。对于活动性低、不爱和小朋友玩的幼儿，如果家长也是比较安静的人，不喜欢社交，那么孩子认识人与人之间关系以及各种社会道德规则的机会就会降低，对于部分道德问题也就变得不敏感。相反，尽管幼儿比较安静，不爱活动，不爱和小朋友玩，但家长却喜欢聚会、社交、旅游等，在家长与人交往的过程中，孩子也会受到潜移默化的影响，对和小朋友如何相处、如何对待别人方面也会获得很多的道德知识，因此，其道德敏感性会因为家庭的高娱乐性而得到提升。对于天生就比较活泼好动的幼儿来说，不论家庭娱乐环境如何，他们都会乐意和小朋友玩，探索各种新奇的东西，在自己的实践中逐渐掌握很多道德知识，获得更加丰富的道德情感，道德敏感性会逐步提升而不受家庭娱乐性的影响。

5.3.5　结论

（1）气质中的规律性、趋避性、反应强度、坚持度、反应阈等维度和幼儿道德敏感性相关；易养型幼儿的道德敏感性高于难养型幼儿的道德敏感性。

（2）气质在家庭环境质量对道德敏感性的影响中具有调节作用，具体表现为活动性在娱乐性对道德敏感性的影响中具有调节作用。低活动性幼儿，成长在娱乐性较低的家庭，其道德敏感性更低，而成长在娱乐性较高的家庭的幼儿，其道德敏感性更高。

第六章 研究结论与展望

6.1 结论

6.1.1 幼儿道德敏感性情境问卷的编制

本研究主要依据新科尔伯格取向的四成分模型和道德基础理论确定的道德敏感性的概念结构和内容结构。对85个初步编制的项目通过领域典型性分析、语义难度分析、道德违规严重性分析、重复性分析、项目分析、验证性因素分析等过程，编制了包含有28个项目的幼儿道德敏感性情境问卷（CMSVQ）。该问卷共有5个维度（关爱维度有3个子维度），每个维度有4个题项，通过模型比较后发现5因子模型拟合良好。作为效标的共情和道德敏感性各维度均显著相关，相关系数在0.08~0.11之间。问卷各维度内部一致性系数在0.76~0.91之间，对问卷进行重复测量后各维度相关系数介于0.73~0.86之间。问卷信效度指标达到了心理学的测量要求。

6.1.2 幼儿道德敏感性的发展特点

（1）3岁幼儿五领域道德敏感性水平均较低，但在关爱、权威和圣洁领域上初步具有了一定的道德敏感性，女孩在公平领域上也有了一定的道德敏感性，3~7岁幼儿五领域道德敏感性均随着年龄增长而快速提高，4~5岁是男孩的道德敏感性快速发展期，3~5岁是女孩的道德敏感性快速发展期。4岁时，女孩在五个领域上的道德敏感性均显著高于男生，5岁时，男孩在关爱和圣洁领域上的道德敏感性显著高于女孩。

（2）3岁幼儿在三个不同的关爱领域初步具有了一定的道德敏感性，并随着年龄的增长而快速提高。在3~7岁之间，三种关爱敏感性的发展优先次序基本保持为：身体伤害>动物伤害>情感伤害。幼儿三种不同的关爱道德敏感性在不同的年龄会有一定的性别差异，整体而言，4岁前，女孩比男孩的发展水平更高一些，5岁时男孩超过了女孩，6岁后男女孩道德敏感性发展水平比较一致。

（3）不同区域幼儿五领域及整体道德敏感性发展水平之间存在着显著差异，3~5岁时，城市幼儿的道德敏感性高于郊区和农村幼儿，6岁时，城市幼儿的道德敏感性高于农村幼儿，7岁时，3个区域之间的差异基本消失；3~5岁是城市幼儿道德敏感性的快速发展期，4~6岁是郊区和农村幼儿道德敏感性的快速发展期。

6.1.3　幼儿道德敏感性发展的影响因素

（1）心理理论、情绪理解、共情和道德敏感性之间都存在相关。情绪理解和共情在心理理论与道德敏感性之间起着链式中介作用。

（2）SES、家庭环境质量、共情和道德敏感性之间存在相关，家庭环境质量和共情在SES和道德敏感性之间起着链式中介作用。

（3）家庭环境质量对幼儿道德敏感性的影响受到幼儿气质的调节。具体而言，即娱乐性对幼儿道德敏感性的影响会受到幼儿活动性的调节，低活动性幼儿道德敏感性的发展受到家庭娱乐性的影响比较大，但高活动性幼儿道德敏感性发展受家庭娱乐性影响不显著。

6.2　研究创新

第一，四成分模型理论和道德基础理论契合点的形成。虽然Rest等人对道德敏感性这一概念做了比较详细的论述，但对道德敏感性应该包含哪些道德内容却没有给予清晰的说明，这导致人们对道德敏感性的研究从理论上就有割裂的嫌疑，由于缺乏统一的理论体系，已有研究成果之间也难以比较。

本研究从理论构建上汲取了新科尔伯格取向提出的四成分理论模型和道德基础理论的主要观点，对道德敏感性的概念做了进一步的完善和补充，对道德内容做出了严格的框定，使道德敏感性研究有了一个比较明晰的边界。

第二，幼儿道德敏感性情境问卷的编制。以往研究主要以成人为被试，同时也主要集中在一些具体的如医学、心理咨询等行业领域，很少涉及幼儿，其原因主要在于缺乏统一有效的研究工具。尽管道德敏感性作为道德行为产生的逻辑起点，以幼儿为被试对其进行研究更具理论和现实意义，但由于研究工具的匮乏，使这方面研究受到了极大限制，本研究的一个主要创新点就在于，基于道德敏感性概念结构和道德内容结构，编制了幼儿道德敏感性情境问卷，这对于以后道德敏感性研究的展开具有重要意义。

第三，幼儿道德敏感性发展特点的系统研究。由于以往缺乏理论和研究工具的支持，对幼儿道德敏感性的发展特点难以做出系统性的研究，本研究的测量工具基于四成分理论模型和道德基础理论编制而成，每个项目都体现出了幼儿道德觉察和评价能力，五个维度基本概括了道德内容所包含的五个领域，通过大范围的调查研究，我们不仅能够了解3~7岁幼儿在五个领域上的道德敏感性发展特点，也能认识幼儿道德敏感性整体的发展状况，另外我们还进一步了解了关爱领域不同伤害类型间的道德敏感性发展差异，以及不同地域幼儿道德敏感性的发展特点。以往这种系统性的研究较少，本研究在这方面做出了一些有益的尝试。

第四，幼儿道德敏感性相关影响因素作用机制的探析。越来越多的相关理论研究表明，幼儿道德敏感性的发展是个体因素和环境因素共同作用的结果，然而以往大部分研究都集中在环境因素上，忽略了个体因素对幼儿道德敏感性先天性的影响。本研究探析了个体因素和环境因素对道德敏感性发展的交互作用，尤其探讨了气质在环境对道德敏感性形成中的调节作用，从而为以后幼儿道德教育提供了有益的理论参考。

6.3 研究的不足与未来展望

第一，本研究所寻找的四成分模型和道德理论基础之间的契合点仅仅是依据于逻辑上的思考，以往研究基于这两种理论之间契合点的探讨并不多，尽管本研究在这方面做出了一些尝试，一定程度上证明了这种理论结合的合理性，但这两种理论的结合，还需要后续研究的跟进，以便使道德敏感性理论体系不断得到完善。

第二，尽管幼儿道德敏感性情境问卷给幼儿道德敏感性发展研究提供了工具支持，使这方面的研究进一步得到展开，但这个工具还有待进一步的完善，就道德内容而言，道德基础理论后来已经增加了自由/压迫这一道德领域，但本研究中并没有涉及这一领域，在后期的研究中应该增加这一内容。另外，幼儿道德敏感性情境问卷各维度的子维度还需要进一步的划分，诸如，在关爱领域，已经有研究开始关注环境伤害，但本研究中并没有涉及这一内容，其他的如公平等领域应该做出更加详细的划分，这些理论上的进步都需要在研究工具上有所体现，以便对幼儿道德敏感性发展进行更加详细的研究，画出更加精细的轨迹图。

第三，虽然本研究对幼儿道德敏感性的发展特点做出了比较系统的研究，一定程度上揭示了道德敏感性发展的规律，但主要采用了横断研究方法，而幼儿发展可塑性极高，各方面的发展在几个月之内就会有所不同，因此，后续研究应该做更多的纵向设计，进一步探明道德敏感性发展的特点。

第四，虽然本研究对影响幼儿道德敏感性发展的心理理论、情绪理解、共情、气质等个体因素和SES、家庭环境质量等环境因素以及他们之间的交互作用进行了探讨，在一定程度上揭示了他们对道德敏感性的作用机制，但后续研究应该就相关影响因素做出进一步的探索，尤其要对不同领域的主要影响因素做出进一步的甄别，探究它们之间的交互作用机制，以便对后续的道德教育更具指导性。

第二部分　幼儿道德敏感性的培养

以往人们对道德的认识更多地停留在关爱和公平领域，这在一定程度上限制了道德内容的丰富性，道德基础理论的提出为解决这一问题奠定了基础，它认为道德至少包括关爱、公平、忠诚、权威和圣洁五个领域，后来还发展出了自由领域，不同领域道德发展特点并不相同。本研究发现幼儿最先发展起来的是关爱、权威和圣洁领域的道德敏感性，其发展水平始终高于公平和忠诚，前三个领域更多受到环境刺激的影响，后两个领域更多依赖于幼儿认知水平的发展。这就提示我们应该针对不同的道德内容采用不同的道德教育方法，幼儿对于关爱的敏感性来源于周围环境对他的爱，否则就会变得冷漠麻木，因此我们应该让孩子在爱中成长，避免孩子受到伤害；公平依赖于认知水平的提升，这要求我们必须理解它的发展过程，不是随意给孩子贴“自私”的标签，而是要引导孩子走出自我中心阶段；忠诚来自于个体和群体关系的联结，这就要求我们要让幼儿逐渐了解自身和家庭、班级等群体之间的归属关系；权威来自于父母和导师的指导，这就要求父母和老师首先要对各种道德问题有明确的是非观念，才能让幼儿获得一个明确的答案进而形成正确的价值观；圣洁来源于卫生习惯的养成，这就要求父母和老师要对孩子的日常生活卫生习惯进行正确引导。总之道德内容不同，我们的道德教育途径和方式就要有所不同，只有这样才能让幼儿各领域的道德敏感性有所提升。

长期以来受科尔伯格、皮亚杰等认知理论学家的影响，人们对道德发展的认识也更多地停留在认知层面，认为道德发展就是认知发展的结果，然而，近年来随着理论和技术的进一步发展，人们逐渐意识到情感极有可能才是道德之源，人们之所以对很多中性的事物持有某种价值态度，很大程度上是因为它在某种情境下可能会诱发人们正性/负性的情感体验。正是这种体验让人们更乐于趋向给自己带来正性情感体验的事物，尽可能回避给自己带来负性情感体验的事物。不幸的是很长一段时间以来，受传统认知理论的影响，我们的道德教育有时侧重于道德认知，主要通过对部分儿童进行道德知识的灌输来进行道德教育，最终却造成了部分知行不一的现象，其根本原因就在于忽视了道德行为形成中情感的作用，新科尔伯格取向提出的四成分模型和海特提出的道德直觉模型都充分揭示了情感在道德形成中的重要性，海特在《象与骑象人》中甚至认为情感才是道德行为背后起决定性作用的因素，这些都说明对儿童的道德教育只有动之以情，才能让儿童对道德规范内化于心，最后形成一种良好的道德行为。

本部分将从家庭、学校、社会三个方面依据认知和情感的交互作用对五个不同领域道德敏感性的发展做出论述，以便为幼儿道德养成提供一种思路。

第七章　幼儿关爱敏感性培养

如果说道德具有一定的先天性的话，那么在关爱领域就会显得特别突出，婴幼儿对母亲的爱与生俱来，母亲在身边时，孩子会具有更强的安全感，孩子会对母亲表现出更多的微笑表情，关注母亲的时间也会更长，母亲的积极良性回应也会让孩子和母亲形成良好的亲子关系。其实，不只是母亲，当家庭、学校、社会中的关爱氛围比较浓厚时，同样会给孩子提供很好的安全感，也更有利于孩子发展出积极健康的人格，从而令他们对这个世界充满善意。

7.1　家庭环境对幼儿关爱敏感性的影响

7.1.1　胎儿时期的关爱敏感性的培养

现在越来越多的年轻父母已经开始关注怀孕时期的注意事项了，事实上，怀孕期间家庭环境质量对胎儿的影响已经被大量研究所证实。母亲良好的情绪状态有助于胎儿的正常发育和后期健康人格的确立，而母亲的良好情绪很大程度上来源于良好的夫妻关系和家庭氛围，也就是说家庭环境质量会通过母亲的情绪状态传达给胎儿，孩子会带着这种家庭环境的烙印来到世间，家庭环境好的新生婴儿其气质特征就会比较平和，能和周围的世界融洽相处，相反，家庭环境不好的新生婴儿就会表现出烦躁不安的气质类型，给养育者带来一定的压力。因此，在胎儿时期就应注意良好家庭环境的创立，为幼儿的健康成长奠定基础。

7.1.1.1 **树立正确的婚恋观**

婚姻是社会发展的产物，同时也是个体选择的结果。良好的婚姻质量来源于心理健康、灵魂匹配、经济独立的两个个体的结合，同时也是两个家庭的结合。每个个体的成长经历和成长环境都不尽相同，形成的个性特点和价值观念也都差异巨大，因此，在每个个体的一生中能碰见和自己相匹配的另一半是一件值得庆幸的事情，我们将其称为“缘分”。实际上，因为社会发展水平和经济发展程度的限制，有些人在选择婚姻的时候往往充满了功利性色彩，放弃了婚姻的核心要素，这些功利性因素贯穿了人类婚姻发展史，如当下的婚姻中对“房子、车子、票子”的诉求，这种诉求会将婚姻异化为一场交易。尽管我们都知道这有悖于婚姻的实质，但在相当长的一段时间内，婚姻依然还是个体或者群体生存的一种选择，爱情在婚姻中的比重并不令人满意。

人们常说孩子是“爱的结晶”，显然，在婚姻还没有完全脱离功利性目的之前，孩子作为爱的结晶的成分是有所欠缺的，但值得庆幸的是随着社会的发展，人类文明的进步，婚姻作为爱的归属的成分在不断提升。以爱为基础的夫妻关系成为一种普遍现象，这对于新生命来说也是一件幸事，因为这种良好的婚姻关系才是孩子健康成长的基础，也只有在此基础上形成的家庭环境才更能塑造一个人格健全，对世界充满爱心的新生命、新个体。

7.1.1.2 **良好夫妻关系的构建**

尽管在确立婚姻关系的初期不免有一定的偶然性，然而，婚姻关系同样也体现着一个人的自我提升能力和人际关系的处理能力。越来越多的婚姻问题告诉我们，婚姻关系中的问题往往是个人的问题，一个有智慧的人和谁组成家庭可能都不会太差，但一个智慧水平很差的人不论和谁组成家庭，其夫妻关系可能也都不会太好。良好的夫妻关系不仅依赖于选择，也有赖于建设。两个具有健康人格和自我成长能力的人组成的家庭不一定很好，但一定不会太差，婚姻质量很大程度上是具有自我提升能力的两个个体共同建设的结果。良好的夫妻关系是生命成长的最佳沃土，因此，建设良好的夫妻关系在一开始对新生命就具有非常重要的作用。在新生命的孕育过程中，夫妻之间的相互体贴、相互关爱、积极良好情绪的呈现都有助于胎儿神经系统的发育，这将有助于孩子将来和别人建立积极的人际关系，积极面对这个世界。

7.1.1.3 良好家庭氛围的形成

婚姻在一定程度上不是两个人的事情，而是两个家庭的事情，尽管核心家庭越来越多，但祖孙三代生活在同一屋檐下的情况非常普遍。在小生命孕育的过程中，妻子的父母和丈夫的父母将会更多地参与到夫妻两人组成的小家庭当中，在这个过程中两家人的距离会拉近，同时也可能产生一些矛盾，在这一时期夫妻可能就会越来越发觉门当户对的重要性，门当户对不是社会阶层之间的歧视，而是两个不同的家庭文化的相似性会影响两个家庭相处时的融洽程度。在两个家庭都参与到小家庭的过程中，他们共同打造的家庭氛围会影响胎儿母亲的情绪，如果两个家庭共同打造的家庭氛围比较轻松、温馨，胎儿母亲的情绪自然就会比较稳定，这就为胎儿的身体发育、神经发育、心理发展奠定了基础。相反，如果两个家庭因为风俗习惯、家庭文化等方面的不同产生冲突，就会让原本和谐的小家庭变得鸡飞狗跳，进而影响母亲的情绪，这不仅会影响胎儿的身体发育，更有可能会影响胎儿的气质类型和智力。因此，在现有的三代同堂的家庭结构模式中，共同维护良好的家庭氛围极其重要，它是胎儿能够健康成长的基础。

7.1.2 婴幼儿时期关爱敏感性的培养

婴幼儿时期是个体一生中发展速度最快的一段时间，孩子身体上的变化可以用日新月异来形容，也正因为变化快，周围环境对婴幼儿的影响也是一生中最大的。在众多的影响因素中家庭社会经济地位是人们最为关注的，家庭社会经济地位主要包括3个维度：父母的受教育程度、家庭收入、父母的职业。

7.1.2.1 父母的受教育程度

人类之所以能够进步，人类世界之所以能够发展如此之快，其根本原因在于教育。教育能让人在短时间之内认识世界万物的内在运行规律，人类能够充分利用这些规律解放自己的双手。在信息时代，年青一代对知识的获取变得更加容易，知识的存储量在短时间之内就会超过前人，这反过来又会进一步促进社会的快速发展。教育信息化在加快社会进步的同时也加剧了个体之间的差异，最明显的例子就是城市孩子的个人发展程度会明显高于农村孩子的发展程度。而城乡间孩子的差距看似是社会层面的问题，但若寻找问题的直接源头就会发现，其本质是父母的受教育程度。

对于受教育程度高的父母而言，他们比受教育程度低的父母更能意识到养育孩子的科学性。“爱孩子是本能，会爱孩子是能力”，例如，相比部分受教育程度低的年轻父母可能听信他们父辈的指导将婴儿用被子裹起来以免孩子用手抓到自己的脸，受教育程度高的父母更愿意看有关育儿方面的书籍，他们会给婴儿戴上手套以免抓伤自己，放开孩子的手脚，给他充分活动的自由。相比部分受教育程度低的父母在婴儿哭时的冷漠（部分祖辈认为婴儿在3个月前应尽量让孩子躺在床上，避免抱在怀里，否则孩子就会一直需要被母亲抱在怀里），受教育程度高的父母会对孩子的哭泣给予及时的回应和安抚，让孩子形成安全依恋。相比部分受教育程度低的父母会按照部分祖辈的要求给新生婴儿垫上枕头，受教育程度高的父母会认为给婴儿枕枕头是一种错误的行为。在婴儿时期这种养育方式上点点滴滴的不同，就已经注定在两个受教育程度不同的家庭中的孩子的发育过程和成长经历将变得完全不同。

在幼儿时期，受教育程度高的父母懂得和孩子如何相处、如何沟通，他们会用大量的时间陪伴孩子，和孩子说话，给孩子讲故事、看绘本，给孩子尽可能大的空间让孩子活动，他们懂得父母对孩子在情感上的投入对孩子成长的重要性。他们更懂得正确的养育方法，相比如何让孩子吃饱，他们更懂得如何让孩子吃好，懂得各种营养的搭配，懂得水果、坚果对孩子发育的重要性。相比部分祖辈只让孩子穿暖，他们更懂得让孩子穿好看、穿舒适。教育在代际传递的过程中扮演的极其重要的角色，父母的受教育程度会影响到下一代的成长起点。因此，父母应充分利用教育信息时代知识获取的便利性，不断提升自我，才会对下一代产生良好的影响。

7.1.2.2 家庭收入

一个孩子的出生在一定程度上体现着一个家庭的财力，新生命诞生后，奶粉、早教中心、幼儿园、兴趣班、私立学校等每一步都耗费着家庭的财力，一个新生命的成长的确需要尝试更多的教育机会，这当中的每一个环节都需要经济作为支持，而很多经济条件不好的家庭的孩子可能连尝试的机会都没有，我们不能说这种“内卷式”的竞争就一定好，但经济条件好的家庭在物质上确实能为孩子提供更好的成长环境。随着年轻父母的生命质量意识的不断提高，他们更懂得对生命负责，更懂得为孩子的未来负责。

7.1.2.3 父母职业

职业没有高低贵贱之分，但不同的职业却影响着我们的思维和生活方式，隔行如隔山，不同的职业在一定程度上决定了我们看到的世界可能不同。职业生态在很大程度上决定了我们的生活哲学体系，我们的很多观点也都来源或受制于我们的职业身份。因此，不同职业的父母养育孩子的方式和传达的价值观相差万里，这种养育方式和价值观深深地影响着孩子的一举一动，影响着孩子看待世界的态度。当我们觉得这个世界人和人之间应该充满友爱与合作，那么孩子极有可能就会乐于与别人相处；当我们觉得这个世界充满了竞争与敌意，孩子可能就会对别人心怀戒备。因此，父母的职业极有可能通过父母的价值观等因素间接影响孩子，尤其在幼儿的价值观形成时期这种影响就会变得更加突出。

7.2　学校环境对幼儿关爱敏感性的影响

幼儿的发展是个体一生中发展速度最快的一个时期，随着当代年轻父母科学养育孩子的意识不断提高，早教已经深入人心，同时，随着我国基础教育的不断完善，学前教育也已经逐渐普及，学校对幼儿的成长影响也逐渐增强。

7.2.1 学校对幼儿关爱认知的影响

如果说家长可能因为文化层次、受教育程度、风俗习惯等原因对同一件道德事件持有不同态度的话，那么教师作为塑造人类灵魂的工程师，他们受过专业的训练，对于教育的本质、人的本质、生命的意义等核心命题都有深度思考，他们有着更趋于完美和理性的回答。因此，当幼儿进入学校后，教师作为权威人物对幼儿在道德层面的判断更具指导性。

关爱是人类能够生存下来重要原因之一，在人类漫长的进化过程中，很多部落最后都消亡和没落了，最终留存下来的部落普遍有一个共同的特点就是部落内部个体之间充满了友爱，彼此互相关心，这是他们的核心价值观之一。实质上，对于个体而言，对别人友好也是我们自己活下来的一个重要策略，在资源匮乏和社会保障体系脆弱的环境中，我们必须和别人保持友好关系，积极给予别人帮助，才有可能在自己需要帮助时得到别人及时的回馈。因此，尽管利他被我们推崇为一种美德，然而从道德进化的里程中来看，其本质也有功利的一面。而这种功利性主要表现为有利于个体的生存。

人类社会发展到今天，关爱他人似乎已经作为一种本能嵌入我们的基因，但回归本质，它依然对个人的生存至关重要，因此对幼儿在关爱方面的教育必不可少。从小爱护小动物的孩子长大后关爱他人的可能性更高，相反，从小就在充满杀戮和虐待动物的环境中长大的人，后期在和别人相处的过程中也很难与他人产生共情。因此，作为幼儿成长中的一个重要环境因素，学校一定要在关爱道德领域给予充分的认识，让学生学会关爱小动物、关爱小草、关爱同学，因为这不仅仅是我们倡导的一种美德，更因为它是每一个个体生存的一项基本能力。

最近心理科学研究发现，幼儿天生具有善良的一面，相对于阻碍者，他们更喜欢助人者，看到妈妈或者其他小朋友哭泣，他们也会表达安慰。可见，对于关爱，幼儿天生具有恻隐之心。然而，我们也能经常看见幼儿之间因为争抢玩具而打闹，有些小孩甚至因为别的小孩跟自己的肤色不同而欺负他等，从这些行为中我们可以看出，幼儿的很多行为是自发的，但我们若对他们的不良行为视而不见，不进行正确引导，那么就会导致很多不良后果。幼儿对很多事情的对错判断的认知最初来自于家长和老师的判断。因此，父母和老师对不良行为的评价和态度，对幼儿形成正确的价值观具有重要意义。

7.2.2　学校对幼儿关爱情感的影响

关爱，不仅是我们对某件事情的认识，更是我们对某件事情的一种情绪体验，价值理论甚至认为道德就是一种情绪体验，事实上，相比道德说教，幼儿更在意一件事情给自己引起的情绪体验，也更在意大人的情绪反馈，对于很多事情，本身也许没有对错之分，但人们在对待这件事情上的态度或情绪反馈可能并不相同，而孩子的情绪反应最初可能就来自于父母或教师的情绪反馈。因此，教师用积极的情绪面对幼儿，有利于幼儿形成稳定良好的情绪特征，也有利于幼儿用积极的情绪面对周围的事物。学校可以从教学内容、园区布置、教师态度等方面打造关爱氛围，让学生接受爱的滋养，拥有爱的能力。

7.2.2.1 教学内容

学前教育阶段主要以游戏为主，其目的主要是提升幼儿的社会适应能力。实质上，幼儿是否具有很好的社会适应能力在很大程度上取决于他是否具有爱的能力，这种能力包括爱自己、爱他人、爱动物、爱环境等方面。因此，以爱为主题的活动在幼儿园的教学内容中应该占据核心位置。在幼儿阶段，孩子与生俱来的关爱能力和水平在很大程度上可能要超过成人，尤其在对待小动物的态度上，幼儿对小动物的爱护甚至不亚于对人的爱护。其实，在很大程度上我们不是要教育孩子有爱心，而是去保护孩子的爱心。在对待动物和对待自己方面，孩子似乎具有与生俱来的爱心，但在爱他人和爱环境方面则可能需要更多的引导，尤其在孩子4岁之前，他的自我中心主义倾向非常明显，对玩具等物品据为己有的行为非常普遍，在这期间引导孩子学会和别人分享，学会去安慰哭泣的同伴等亲社会行为非常重要，因为这是幼儿成长后期和别人愉快相处的必备能力。具有利他之心，不仅能让自己受周围人的欢迎，更能让自己获得一份心安。爱环境，包括爱周围的花草树木、整理自己的房间等。在所有的爱中，爱环境实质上是最深层次的一种爱，因为环境本身并没有直接的、即时的情绪反应，但它后期的影响却会涉及自己、他人和动物。这种爱不是单纯的利己指向，而更多是一种利他指向，因此保护环境、爱护环境是每个人都应该具有的一种能力。我们需要引导孩子热爱我们的环境，所以在很多幼儿园课程中编著者通过拟人化的方式将花草树木等植物的情绪表达出来，引导孩子们不要踩踏草坪，不要乱砍树木，这是特别值得我们提倡的事情。在课堂教学活动中引导孩子们具有爱心，是幼儿教育中的重要主题。

7.2.2.2 **园区布置**

在校园和教室的布置当中也要凸显爱的主题，渲染爱的氛围。在校园外墙的图案设计中多呈现一些与爱相关的图画，如给花浇水、和小狗玩耍、与小朋友一起玩游戏等，通过这些具体形象的图片给孩子们传达一种正能量，让孩子们能看得见、摸得着，他们才会以图案情境中的人物为“榜样”，模仿他们的行为，善待周围的花草树木和小动物，而他们对周围环境的热爱也会慢慢迁移和泛化到小朋友和家人身上。校园墙上的图案和故事情节在引导孩子形成正确的关爱意识方面具有积极作用，我们要充分利用校园墙壁图画的功能，每隔一个月或半学期更换一下校园墙上的故事情境，这不仅可以美化校园环境，还可以通过不同的故事给孩子们传达爱的主旨。这也符合幼儿的喜好，他们对新事物总是充满了探索的欲望，图案的更新有助于引起他们的注意，用不同的故事告诉他们不同的关爱道理。教室墙壁图案的设计则完全可以交给孩子们，让他们拥有一个展示自己的机会。孩子的内心世界是丰富多彩的，但受制于言语表达能力和书写能力的限制，不能充分展现他们的想象力和内心世界，而绘画却可以让他们充分表达自我，因此教室里的墙壁可以作为孩子们展示自我、与外界交流的一个窗口，孩子们每天都可以把自己的图画作品展示在教室墙壁上。在这个过程中我们可以有意识地将表达爱与善意的作品挂到墙上。总之，我们要充分利用校园墙壁和教室墙壁，让它成为孩子们表达爱心的一个小世界。

7.2.2.3 教师

教师作为幼儿心目中的权威人物和榜样人物，主要通过情绪对幼儿的行为产生影响。情绪是一种最原始的信息传达方式，在信息的传达与交流方面具有基础性作用，在动物身上也表现得很明显。在幼儿还无法完全用语言来表达自己的喜怒哀乐的时候，情绪在传达情感方面起着举足轻重的作用。在婴儿时期和先学前期，父母和周围的人主要通过情绪和婴幼儿进行交流，父母的微笑会引起孩子的笑容，孩子咯咯的笑声往往也会让大人心情大好。在幼儿时期，老师良好的情绪会给孩子带来安全感，让孩子能充分地表达自己，有助于孩子和老师及时沟通各方面的感受或想法，有利于孩子在想象力、人际交往等方面的全面发展。相反，如果教师的情绪不良、阴晴不定，甚至比较暴躁，那带给孩子的极有可能是噩梦般的折磨，孩子可能会在这种老师的管理下变得焦躁不安、恐慌。

其次，教师对职业的热情也影响着孩子，教师如果热爱自己的职业，喜欢孩子，那在工作中一定会非常投入，也会非常享受和小朋友一起生活的乐趣，在工作的过程中也一定会想尽一切办法促进孩子的身心健康发展。如果教师缺乏职业热情，那可能会懈怠，懒得和孩子交流，工作上缺乏动力。这不仅不利于教师自身的发展，更重要的是可能会给孩子带来伤害，孩子的情绪、情感、想象力、思维等各方面的发展都可能因老师的不作为而被耽误。因此，在幼儿教师准入过程中进行职业测试就显得尤为重要，只有选拔那些热爱幼儿教育的人员进入幼儿教师行业才能从根本上解决教师的工作热情问题。

7.3　社会环境对幼儿关爱敏感性的影响

在信息化高度发展的今天，地球变成“地球村”，距离不再是影响人们交流的主要障碍，网络电话拉近了人和人之间的距离，网络媒体拓宽了人们接收信息的来源，人们在网上几乎可以找到自己想要的任何信息资源，当代人获取信息的速度和容量是传统时代无法想象的。生活在这样一个时代的婴幼儿同样也不可避免地受到时代的影响，他们从一出生就生活在智能手机和万物互联的世界中，物质极大丰富的今天，他们几乎可以获得他们想要的一切信息和物质。在新时代，幼儿教育也面临着各种挑战，但我们依然能清楚地感受到社会的进步和文明的进程，我们要在享受时代红利的同时，让幼儿身心得到更好的发展。

7.3.1 社会对幼儿关爱认知的转变

随着时代的进步，人们对生命的认知越来越深刻，对生命的尊重也达到了一个新的高度。当一个新生命诞生时，孩子父母和其他家庭成员都充满了欣喜，欢迎新生命的到来，用心呵护着新生命的成长。实质上，人们对婴幼儿生命关怀态度的转变也经历了一个漫长的过程。在过去很长一段时间以来，部分人把孩子作为自己的一项私有财产，个体在很大程度上只是一个家族的一个分子，其生命的主体性很难被尊重，直到今天部分落后地区依然存在着严重的“重男轻女”的现象，看似性别偏见，其实质是对生命亵渎。在封建社会男性的社会地位比女性高，但男性也逃不过被工具化的命运，女性隶属于男性，男性隶属于家族，男性在家族长者面前依然没有独立性，其最终导致的结果就是所有个体生命意义的消弭，这种思想顽疾在古代表现得比较突出。但好在随着时代的进步，各种封建思想糟粕被不断的打破和摒弃，个体生命尊严被不断的彰显，尤其随着新生一代父母的崛起，他们越来越关注生命的意义，敬畏新生命的来临，对生命的尊重早已超越了性别偏见和家族血脉的延续。

新生代父母之所以对生育孩子如此慎重，除了当下的住房、经济等压力之外，还有被人们普遍忽视的一点就是他们对生命的态度转变。新生代父母在孩子出生之前思考的更多的是孩子将来能不能过得好，能不能过一种体面而有尊严的生活，而不是继承自己的血脉、传宗接代。相较于传统观念上对祖宗的负责，他们更想对新生命负责，对孩子未来生活质量和生命质量负责。从个体生命史的微观角度来看，这是新生代父母在总结人生经验的基础上的一种判断与抉择。

新生父母可能在备孕期间就已经开始学习有关养育孩子的科学方法了，从备孕到怀孕再到出生后养育，年轻一代父母投入了大量的精力。在短短的半个多世纪中，养育观念发生了巨大的转变。部分爷爷奶奶往往总觉得孩子穿得少、吃得少，而给孩子不断加衣服和追着喂饭，但新生代父母却可能会让孩子穿更少的衣服增强抵抗力，等孩子饿了再给吃饭。从爱孩子的情感投入程度上来说，爷爷奶奶对孙子的疼爱程度不亚于父母，但从会爱孩子的能力上来说，父母们的养育方式也许更科学一些。由此可见，关爱孩子不仅是一种态度，更是一种能力。这种观念上的转变值得我们庆幸。

7.3.2　社会对婴幼儿关爱情感的转变

在传统文化中，我国向来有“尊老爱幼”的核心价值导向，从功利性角度来说也有“不孝有三，无后为大”的封建观念约束，从追求幸福的最高境界来看就是“天伦之乐”。因此，我们有着爱护儿童的深厚文化思想积淀，时至今日，这种思想依然影响着我们，因此“隔辈亲”现象依然普遍，爷爷奶奶对孙子的疼爱有时甚至达到了溺爱的程度。但传统的思想观念随着家庭结构的改变也在被不断的消解，大部分家庭都从原来的“三世同堂”变成了只有父母和孩子的核心家庭，尽管很多时候祖辈会帮着父辈带孩子，但家庭的核心人物已经变成了父亲或是母亲，祖辈在家庭中的话语权越来越弱，因此父母的养育方式对孩子的影响力越来越大。父母会爱孩子但多半不会溺爱，他们在爱孩子的方式和程度上要比祖辈更合理一些，更有助于孩子的健康成长。

由只爱自己的孩子转变为爱所有人的孩子。在养育孩子方面由于“差序”文化格局的影响，家族意识在我国传统文化中占据核心地位，“大家族，小社会”是我们传统社会中一个基本格局，当家族的利益和社会的利益相矛盾时，人们往往选择维护家族的利益，这种格局的局限性在于它会弱化社会公共规则，进而弱化社会的整体发展。但近年来随着城市化的推进，社会保障体系的完善，原有的家族文化体系逐渐被瓦解，走向了“大社会，小家族”发展格局，人们关注社会的整体发展胜过关注自己家族的发展，从只关注自己的小利益转向关注社会的大利益，民众普遍对社会整体的公平、民主、自由等价值诉求更加迫切。性别偏见也发生了微妙的变化，从对生男孩的期待，变为生男生女都一样，有些父母甚至更偏爱女孩。从以前只关心自家或自己家族孩子的成长，变为对所有孩子普遍性的关爱。孩子属于我们大家，而不是父母的私有财产。也正因为这种情感观念的转变，才有当父母惩罚、虐待孩子时被邻居报警、被路人制止的情况出现，当社会上出现对孩子的伤害行为，都会引起社会大众的愤怒与反感，社会大众对孩子的爱护已变成一种常识和本能。社会在承担孩子养育的责任方面也发生了一定的变化，以前养育孩子基本上都是家庭或家族的事情，社会为一个孩子承担的责任和义务非常小，现在一个新生命的出现不仅是家庭的事情，也是全社会的事情，一个新生命不仅属于父母和家庭，更属于社会和国家，他的成长不仅需要父母的呵护，更需要社会的呵护。

家庭教育方式也在不断进步。体罚孩子在传统的家庭教育中非常普遍，“棍棒下面出孝子”是我们传统家庭教育中的一种主流方式，然而，现在的新生代父母却很少有人认可这种教育方式，他们懂得通过暴力的方式教育孩子是父母无能的体现，是一种犯罪。年青一代父母已经放弃了家长作风和教师爷的习气，他们更懂得在尊重孩子的前提下如何与孩子沟通，给孩子充分的机会表达自己的感受、想法，他们会认真听孩子说话，接受他们的意见甚至批评，在双向互动中共同成长。

第八章 幼儿公平敏感性培养

幼儿公平敏感性的发展相对滞后一些，这和幼儿的思维能力的发展密切相关，它的发展需要个体守恒意识的出现，需要“自我中心主义”意识的消退，而这两个方面的发展更多依赖于个体的自然成长，需要一定的时间，因此，幼儿公平敏感性的发展比较迟缓是可以理解的，但这并不是说个体对公平的认识完全不受环境影响，只是说环境对它的影响力会相对较小，或者说对它的影响更多地体现在个体成长的后期。公平是维护社会正常运行的一项基本规则，对个体的生存及其重要，因此拥有公平敏感性对于个体来说是一项至关重要的能力。

8.1 家庭环境对幼儿公平敏感性的影响

8.1.1 教养观念对幼儿公平敏感性的影响

家庭教养观念的转变主要体现在对男孩和女孩的性别偏见上。尽管封建文化的影响力已经比较弱了，但强烈的家族意识依然通过隐性的方式让男孩在家庭的地位中获得了一定优势。比如在财产的继承、衣钵的传递等方面，家族还是倾向于男性，尤其在一些比较正式的宗族祭祀仪式上，依然对女性有很多限制，这些文化上的陋习给女性带来了一定的伤害和不公。这种观念意识的存在让女孩在一出生就处于弱势地位，在家族中难以获得最有力的资源支持。尽管从第三者的角度来看这种不公平是不可接受的，但长期生活在这种环境的当事者，他们可能习以为常，从内心接受了这种在外人看来不公平的现象，男性接受自己在两性间不平等的优势，女性接受自己在两性间不平等的劣势。例如，在一个家庭中如果只能让一个孩子上学，那么女孩不完全是在父母的要求下退学，有可能是自己在这种封建糟粕文化影响下主动退学。这只是冰山一角，在农村家庭的资源分配中倾向于男性的情况仍然存在。这种文化特征在很大程度上会影响孩子的公平敏感性，让孩子在长期的浸染中接受这种不公平，降低公平敏感性。

观念具有一定的惯性，要在短时间内改变人们的思想观念非常困难，除非社会发生某种剧烈的变化或冲突。有人称最近一百年来，我国处于一个文化动荡的时期，的确我们从封建时期的思想文化跳转到现代文明时期，在人类历史上走过了西方世界需要几百年的历程，这种思想文化上的跳跃在一代人身上要实现，确实给人们带来了不小的冲击，也就是说一个人在自己的一生中可能要经历完全不同的思想观念和价值转换，这带给个体的冲突是难以想象的，因此当代人在观念转换方面受到的挑战是前所未有的，加之，当代信息技术的发展，互联网、物联网、无人驾驶、机器人的普遍使用等，深刻地改变着人们的生活方式。在物质极大丰富的今天，中国社会正在经历着从按劳分配向按需分配转换，从追求经济发展速度到让一部分先富起来的模式向共同富裕的模式转换，人们对生命意义充满了新的思考。人们对公平、公正概念的具象认识开始发生变化，而这种生活物质层面和价值理念上的变化也会影响孩子的发展，当一个三四岁的幼儿看到自己的玩具堆满屋子，绘本放满书架的时候，他/她是否会变得更加大方，愿意分享更多的东西给自己的同伴？这些都值得我们从个体发展的视角探索公平敏感性这一心理现象的内在规律。

8.1.2 教养方式对幼儿公平敏感性的影响

长期以来，家庭教养方式在孩子成长中的作用被人们所关注，人们普遍认为不同的教育方式对孩子的影响不同，根据关爱和控制两个因子的得分将家庭教养方式分为权威型、民主型、专制型、放任型。权威型的家庭教养方式是高关爱高控制，民主型的家庭教养方式是高关爱低控制，专制型的家庭教养方式是低关爱高控制，放任型的家庭教养方式是低关爱低控制。对于权威型的家庭教养方式而言，孩子受父母的影响比较大，在这种家庭中父母的关爱可能是潜在或隐性的一种控制，孩子会在父母强大的压力和引导之下接受社会规则，尽管在后期孩子可能会比较听话，遵从社会规则，但在构建自己的社会规则体系时，往往缺乏自己获得社会规则的机会，或者说他们对社会规则的认识更多地来自父母的要求。在这种环境下孩子可能会变得听话懂事，但却往往缺乏主见。对于公平而言，孩子会认可公平的既定规则，但对公平形成的内在规律并不清楚，当需要灵活应变时可能就会变得无所适从。民主型的家庭教养方式由于其高关爱、低控制的特点，可以给孩子提供足够的安全感，允许其探索周围的世界，因此，孩子对世界秩序的认知更多的来自自己的实践，对公平等概念的理解可能体现在和小朋友相处时达成的某种协定，这也是公平这个社会规则最早的来源之一。所以，在民主型教养方式下的孩子更有可能既懂得公平的原则性又懂得公平的灵活性。专制型的家庭教养方式因为其低关爱、高控制的特点，可能会让孩子缺乏安全感，对世界冷漠，因为父母高度的控制，导致孩子必须对父母言听计从，所以在他们的眼里，规则不是规则，父母才是规则，但父母本身不一定完全遵守规则，这就给孩子形成规则意识带来冲突，导致他们在和小朋友玩耍时很有可能不理解、不遵守小朋友们制定的公平等社会规则，进而无法和小朋友们融洽相处。放任型的家庭教养方式具有低关爱、低控制的特点，这种教养方式可以让孩子自由探索周围的世界。尽管他们将来的社会适应能力很强，但由于从小缺乏基本的关爱，对世界形成的价值体系很有可能是灰色的，将来可能会做出一些破坏性行为，包括对公平规则的破坏。其实，包括公平在内的所有社会规则都是为了让人能够生存，为了让群体和个体的利益能够实现最大化，更进一步来说就是为了让大家能有比较好的生命体验，这就要求大家必须认可、接受已经达成的某种规则，其中最为核心的就是公平。

随着研究的深入，人们不再笼统地看待家庭教养方式或父母教养方式，而是开始单独关注父亲或者母亲的教养方式，以及父亲教养方式和母亲教养方式之间的冲突，还有一些研究开始关注父母亲教养方式和孩子之间的相互作用，也就是说父母的教养方式可能也会受到孩子的个性影响，尽管教养方式比较稳定，但在面对不同个性孩子的时候，父母亲各自的教养方式也会做出一定的调整。在封建家庭体系中，家长的角色非常突出，而且往往由家里年长一点的男性担任，他掌管着家里的一切事务，家庭其他成员必须听从他的安排，在教育孩子的问题上，母亲等家庭成员只能顺从家长的意志，这也就是所谓的“家长作风”，尽管“家长作风”已不被人们所接受，但它在封建社会中却是一种常态，甚至在今天的一些落后地区依然存在。随着社会的进步，“三世同堂”家庭结构的解体，核心家庭的普遍化，新生一代父母受教育程度提升、经济独立等，关于孩子教育，更多时候可能是夫妻之间的协商和共同影响，而不再是“一言堂”，这就为父亲和母亲不同的教养方式共同作用于孩子提供了条件。随着科学养育意识的不断提高，越来越多的年轻父母采取民主型的教养方式，孩子与生俱来的气质类型也在影响着父母。由此可见，在当代的家庭环境中，教育孩子已经不再是一个单向行为，而是变成了一种“三角互动”的动态模式。而这种模式非常有助于孩子了解真实世界的规则形成，对孩子的公平认知和实践都有良好的作用。

8.1.3 家庭子女结构对幼儿公平敏感性的影响

我国常见的家庭子女结构主要有独生子女家庭、二孩家庭和三孩以上家庭，其中以独生子女家庭和二孩家庭最为普遍。家庭子女结构对幼儿公平敏感性的影响主要体现在家庭资源的分配上，在独生子女家庭中，由于缺乏同辈的资源“抢夺”和“占有”，孩子无形中丧失了通过玩具、食物等资源分配获得公平意识的机会。在这种情况下，家庭不同辈分成员之间的资源分配就显得尤为重要，比如，分食物时，在传统的家庭观念下，人们可能会让孩子先吃，再让老人吃，然后才是其他人，尽管这体现了“尊老爱幼”的传统美德，但在公平原则层面则略显不妥，可能会让孩子从小形成“特权”思想。尤其在今天“421”的家庭成员结构下，爷爷奶奶的过度溺爱，更容易让孩子变成“小皇帝”，孩子的公平意识会被弱化，将来在和同辈群体相处时会遇到障碍，这实际上不利于孩子的生存发展。相反，如果我们在家庭中能创设大人小孩一律平等的氛围，家庭中的食物或是玩具，任何人都能随时享用，则会让孩子逐渐形成公平和平等意识。

在二孩家庭中，由于存在同辈群体的竞争，这有利于孩子形成公平分配的意识，但在我们的传统观念中依然存在着“重男轻女”的思想观念，尤其在农村家庭中男孩更受重视，在家庭的资源分配中也会更倾向于男孩，这种倾向性也会影响幼儿的公平意识。除此之外，长幼之间也会发生冲突，传统观念认为兄弟姐妹中年龄大的应该让着年龄小的，尽管这是我们倡导关爱价值观的行为体现，但在形成公平原则方面则有可能会带来消极影响。

在三孩以上的家庭中，父母很难把全部的精力集中到某一个孩子身上，父母在关爱层面的忽视，反而提供了孩子们在家庭同辈群体中为了获得安全感和资源而不得不和兄弟姐妹妥协以达到关系平衡的机会。尽管在中国传统的家庭养育观念影响下，父母可能会偏袒年龄最小者或者男孩，但家庭中的老小或男孩为了得到同辈兄弟姐妹的认可，也不得不接受公平规则。

从这些情况中我们可以发现，尽管在二孩以上的家庭中更容易形成孩子的公平意识，但在独生子女家庭中，如果家庭中的成人能有意识地引导孩子，孩子也会形成公平观念。

8.2 学校环境对幼儿公平敏感性的影响

8.2.1 个体认知水平的提高

长期以来，许多人认为道德是教育、教化的结果，但近年来很多研究结果表明品德发展是个体自身成长的结果，甚至有一定的先天性。同时，也有大量的研究表明道德是情感的结果而非认知的结果。这就提示我们进行道德教育时必须尊重道德发展的规律，不能继续沿用以前灌输式的传统道德教育方式，否则知行不一的现象依然会普遍存在。

幼儿公平敏感性发展的个体属性在道德领域表现得最为明显，它依赖于幼儿数感、守恒、心理理论、共情等认知能力的提升以及去自我中心，而这些能力的提升和发展都需要一个过程，因此，相比其他领域，幼儿的公平敏感性发展相对滞后。学校教育必须尊重幼儿道德敏感性发展的规律，不能站在道德的制高点从第三者的角度用成人的道德规则来评判幼儿的行为，诸如，幼儿可能会将玩具据为己有、不愿意分享，也可能会从别的小朋友那里抢夺玩具或食物，尽管这些行为确实不符合成人世界的道德规范，但我们决不能因此就说幼儿的行为不道德，因为这个阶段的幼儿尚不具备分享的能力。三岁左右依然是幼儿处于自我中心主义的阶段，当你强迫幼儿将自己的食物或者玩具分享给其他小朋友时，可能会让幼儿非常沮丧，他不清楚为什么要这样做，但随着年龄的增长，幼儿会理解在相互的分享中，个体会获得更多的资源，此后这一“自私”行为就会逐渐好转。

公平敏感性的发展同样是一个情感发展的过程而非完全认知发展的过程。价值学习理论告诉我们，我们之所以认为某种行为是对或好的，那是因为这种行为会引起我们以及当事人积极的情绪体验，而这种行为在这种积极情绪体验的作用下又会进一步加强，持续不断的情感作用后，我们对这种行为就会以直觉形式快速作出对或好（错或坏）的判断，经过多年的代际传递以及文化的基因传递之后，人们对大部分事件的道德判断都是即时的，不需要长时间的认知加工。从个体道德发展的角度来看，我们对幼儿公平原则的引导同样需要情感的介入，当幼儿开始出现一些小的分享行为，诸如自己有10块糖，但愿意给别人1块糖的时候，我们要及时给予幼儿积极的情绪回馈，成人的情绪回馈也会诱发幼儿的积极情绪，最终，幼儿的分享行为就会和积极情绪产生联结，随着这种联结的加强，幼儿就会出现更多的分享行为。

如果说分享行为还具有一定环境作用的话，公平分配行为就可能具有一定的先天性。在幼儿时期，当第三方给幼儿分配物品时，幼儿们倾向于进行平均分配，如3个人分配4件物品，多出来的1件他们宁愿扔进垃圾桶，也不愿让任何人多拿1件。当幼儿自己分配物品时，他们则倾向于给自己多分，当然随着年龄的增长，或是因为道德伪善、社会赞许等原因的影响，小学后期的儿童会出现给别人多分的情况。这些研究案例告诉我们关于公平、公正，幼儿的认识有其自身的成长规律，当然也会受到环境的影响，但我们必须尊重道德形成的规律，才能更好地进行道德教育。

8.2.2　教师态度对幼儿公平敏感性的影响

很多情况下态度是通过情绪来表达的，对于幼儿来说，他们几乎都是通过观察成人的表情和情绪而获得成人对某件事的态度的。因此，在幼儿园，教师对于很多生活习惯或道德事件的态度对幼儿的影响是非常明显的。通过上面对价值学习理论的介绍，我们知道幼儿道德行为的形成和成人对道德行为的态度密切相关，因此，教师对道德行为和道德事件的态度就是幼儿道德形成的风向标。

教师需要平等对待每一个学生。教师这个职业需要有大爱的人来担任，这一职业要求教师要善待周围的每一个孩子，不能对孩子有任何偏见。这种态度会体现在教师日常工作的点点滴滴之中，在对孩子分配玩具或者食物时，能公平地给予每一个孩子，而不是给自己喜欢的孩子多一些，给自己不喜欢的孩子少一些。在面对孩子时，教师要对每一位孩子都表现出接纳、喜欢的态度，而不是针对不同的学生表现出不一样的态度。根据榜样学习理论，教师的这种态度会影响孩子，孩子会模仿教师的行为，逐渐也会对不同的同伴采取不同的态度，孩子也会对自己喜欢的同伴予以接纳，对于自己不喜欢的孩子予以排斥。

8.2.3　同辈群体对幼儿公平敏感性的影响

同辈群体的影响力会随着幼儿年龄的增加而逐渐增强，3到6岁是幼儿各方面发展最快的几年，尤其在孩子的认知发展方面表现最为突出。公平作为依赖于认知发展的一个方面，在幼儿的后期会获得快速发展，幼儿对公平的认识、理解、践行更多地来自和同辈群体的相处，游戏在这方面扮演了极其重要的角色。对于2到3岁的幼儿而言，当两个人只有一个玩具时，他们都会认为玩具是自己的，都会去抢玩具，在争执的过程中他们也在思考着解决这个问题的方法，在成人的引导之下，他们开始分享自己的玩具，这样，他们不仅可以获得他们想要的玩具，还会获得大人的赞许，在这种社会化的过程中，幼儿不断改进物品分配的方法，同时，他们也逐渐发现通过给别人分享自己的东西，会获得更多的资源，在这种社会化的发展过程中，高年级阶段的孩子甚至会给别人分配更多的东西，他们对公平的理解也会更加灵活、更加深刻。

8.3 社会环境对幼儿公平敏感性的影响

8.3.1 城市化进程中公平观念的深化

中国城市化的进程在不断加快，城市人口的数量也在不断增加，表面看似是城市规模的一种扩张，实质上则是人们对更加公正、公平的社会秩序的追求。我们的传统封建社会更多情况下是一种熟人社会和人情社会，这种社会里讲求长幼等级，公平性比较差。随着我国文明程度的不断提高，人们对自由的向往和对公平的追求日益增长。城市里人和人之间的相处依赖于公平的社会秩序和规则，在这种规则面前，人人平等，不会因为熟人而对规则造成破坏。在这种规则之下，为了追求更好的生活人们就会更加努力，而不是仅仅依靠出身，公平的社会规则给了每个人均等的机会。在这样的社会环境中，父母对幼儿的指导强调遵守公共秩序，而不是攀附关系，幼儿据此也会形成更加明确的平等观念和平等意识。

在城市生活中，我们无法接受别人插队实质上就是诉求公平的一种体现，看似一件很小的事情，但它却体现着社会运行的规则底线，那就是“公平”。而这种“公平”的价值观念会体现在城市生活的方方面面，孩子在这种“公平”的文化生态下也会早早形成关于“公平”的理念和行为模式。而这种文化观念一旦形成就会深入骨髓、难以改变，这也就是为什么那些“逃离北上广的人最后又逃回北上广”的原因。文化生态于人就像水对于鱼一样，当我们适应了一种文化生态模式，要想再换一种文化生态模式，那对我们的适应能力将是一种极大的考验。我们无法评价文化生态好或不好，它是历史和时代的产物，但需要说明的是，城市化的发展是时代的选择，是历史的潮流和趋势，没有人能阻挡。对于个体而言，我们必须顺应和适应时代的这种选择，才能生存下来，相信随着城市化的发展，我们对公平的诉求将会更加强烈，社会运行的道德规范中的“公平”也会得到更大程度的彰显，幼儿也会成为这种社会“公平”的参与者和获益者。

第九章　幼儿权威敏感性培养

在任何一个群居的物种之中，权威在引导物种发展的过程中都起着非常关键的作用。我们所熟知的大象、狼、蚂蚁、蜜蜂等群居动物有一个共同的特点，就是对权威的遵从。事实上，对权威的遵从有利于群体中每个个体的生存。在所有的动物群体中，人类是一个高度社会化的群体，权威在人类社会的发展中起着举足轻重的作用。在人类漫长的发展过程中，有的部落活下来了，有的部落却消失了，这种生存与否的重大问题在很大程度上依赖于部落首领的权威性。当然任何权威的形成都来自于权威人士的正确决策与领导，在古代不同朝代的更迭中会发现，皇帝作为权威人士在每个朝代延续的时间长度上起着极其关键的作用，而在现实生活中，一个家庭的盛衰往往也取决于家庭中的权威人士。由此可见，权威在维护社会秩序、推动社会发展方面具有极其重要的作用。幼儿很早就具有了遵从权威的能力，这有利于他们的生存和成长。

9.1　家庭环境对幼儿权威敏感性的影响

9.1.1　教养方式对幼儿权威敏感性的影响

幼儿对权威的认识来自于家长，家长无时无刻不在引导孩子做能做的事情，阻止孩子做一些危险的事情，幼儿在长期的试错过程中发现听从家长的指导，往往会获得一个比较好的结果，如果不听从家长的引导则往往面临着一个糟糕的结果，这种正性或负性的行为结果以及情绪体验会强化家长在孩子心目中的地位。因此，权威并不是说要让孩子对家长言听计从，而是家长的引导和判断总会给孩子带来良好的结果和积极的情绪体验，这种正向结果有助于家长在孩子心目中地位的确立。当然，在幼儿时期，家长的引导多半正确，这有利于家长权威的形成，但当孩子进入青春期后，家长的很多指导有可能会导致一个糟糕的结果，这就会影响家长在孩子心目中的地位，家长的权威性可能会受到挑战。可见，家长的权威来自于家长自身能力的提升，而不是对孩子的威胁和要求。

幼儿对家长权威的认识是一个从形式到内容不断深入的过程，早期幼儿对家长权威的认识可能源于对家长情绪的识别，幼儿的某种行为获得了家长积极的回应，并且这一行为可能也使幼儿获得了积极的情绪体验，则他们的这一行为就会被强化，父母在幼儿心目中的地位也会增强。随着幼儿年龄的增长，家长越来越倾向于给幼儿讲道理，他们会告诉幼儿为什么要做某事，怎么去做，并且说服幼儿去做某事。当幼儿理解了这些事情的道理，并按照父母的要求去做这些事的时候，可能会获得父母的赞许，获得周围人的赞许，这种积极的行为结果又会增加父母在幼儿心目中的分量，幼儿对父母权威的认可也就在这一点一滴的小事件中逐渐形成。因此，家长对事物本质的认识、对事物判断能力的提升是幼儿遵从父母权威的前提。

从幼儿对权威的认识过程中我们可以发现，幼儿对权威的认同和成人对权威的认同是一致的，在我们的知识储备和认知能力都比较低的时候，我们比较信服能给我们带来积极回报的人，这种情况在动物身上也有所体现。在象群中，首领往往也是最有智慧、年龄比较大一点的象，它能带领象群找到水源，随着季节的变化迁徙，始终让象群处在最有利于生存的环境之中。而我们的权威人士往往也是对社会做出重大贡献的智者，他们往往也最受人们欢迎，对于幼儿而言，最让他们信服的一定是能带领他们更好成长的家长。

9.1.2　从角色权威到知识权威的过渡

幼儿对权威的认识不会只停留在对家长角色的认知上，还会逐渐泛化到不同的领域，包括幼儿对动画片中一些英雄人物的崇拜等。尽管在大部分时间，幼儿都会遵从父母的要求，但当父母要求四五岁的孩子去打别的小朋友时，他们往往会对抗权威人士的要求，因为幼儿在短短的几年生活中已经获得了很多的生活经验，尤其在上幼儿园之后，他们懂得了越来越多的生活规则，当父母试图违反这种规则时，他们也会提出抗议。由此可见，幼儿对权威的认识来源于对知识的获得，当他们获得了更多生活知识后，幼儿就不会完全迷信于权威人士，他们会有自己的想法，会从绘本等资料上获得更多的知识来构建自己的知识体系，越来越依据自己的判断作出抉择，而不是完全依赖于角色权威。

由此，我们也可以看出，要让孩子从角色权威过渡到知识权威，最重要的是让孩子有更多认识这个世界的机会，不论是动画片、绘本，抑或是父母每天给孩子讲的故事，都带给孩子一个小世界或者是一个小情境，孩子在这些小情境中认识自我，认识自己和他人、自己和这个世界的关系，从这种认识中不断作出属于自己的判断。其实，教育的目的就是要让所有的孩子从角色权威中摆脱出来，做到对知识权威的遵从，进而构建属于自己的独立判断体系。

9.2　学校环境对幼儿权威敏感性的影响

9.2.1　教师管理方式对幼儿权威敏感性的影响

教师不同的管理方式会对学生的权威理解产生不同的影响，所谓的权威从表面看来是让学生听从教师的安排，按教师的要求行事，而真正的权威指的是学生对教师的安排和要求的信服。尽管从表面上看，最终的结果都是让学生按教师的要求做事，但实质上给学生带来的心理体验以及对权威的理解会有所不同。我国的学前教育事业在最近10年里得到了快速发展，但由于幼儿教师培养需要一个过程，幼儿教师缺口很大，部分幼儿园为了弥补这一缺口，对幼儿教师的准入条件放得很低，导致部分低素质教师对幼儿的粗暴管理事件见之于网络，幼儿对于这样的教师只能是无条件的服从，变得很乖、很听话，这看似权威的管理方式，实质上则是对幼儿身心的一种伤害，长期以往，就会让孩子形成对别人无条件顺从的倾向和讨好型人格。

相反，在一些品牌幼儿园中，园方会非常在意自己教师队伍的建设，他们会高薪聘请学前教育专业毕业的专业人士来担任教师，还会定期进行培训，让教师专业化水平不断得到提升。他们的教师懂得如何教育学前阶段的孩子，相比那些威胁、恐吓管理孩子的方式，这些教师更喜欢用引导、鼓励的方式让孩子遵守一些规则，学生也会更喜欢这样的教师。教师带给幼儿更多的安全感，幼儿也会更信赖他们，对教师说的话，提出的要求更容易接受。在这种环境中长大的孩子他们不仅会尊重权威，更会具有一个独立的自我。

9.2.2　办学理念对幼儿权威敏感性的影响

近年来，民办幼儿园之所以发展得如此迅速，其关键因素就在于民办幼儿园为社会提供了多样化的服务，拥有更先进的办学理念等，如有一家民办幼儿园的办园宗旨是以人为本，奠定幸福人生的基石；办园理念是体验式、生活式、个性化教学；办园目标是让孩子成为自己的主人，给儿童一个身心自由成长的生态环境，等等。这些办园理念一开始就立足于人的本质和发展，尊重孩子个体自身的成长，尊重孩子独立人格的养成。在这种办学理念的影响之下，所形成的园内氛围和文化生态就会更加注重人本和人文特性。教师丰富的育儿知识和充满爱意的教育热情，会让幼儿更加爱戴、信赖，愿意听从教师的引导。可见，好的办学理念会通过教师传导到学生身上，学生会受益于先进的教育理念。在这种温暖的办学氛围下，幼儿对权威的理解是轻松的，对权威的遵从是情愿的而不是被迫的，幼儿也会更加尊重权威。

9.2.3　民办幼儿园对幼儿权威敏感性的影响

民办幼儿园和公办幼儿园是当下普遍存在的两种办学方式，随着我国民办幼儿园的快速发展，不同品牌的幼儿园如雨后春笋般发展了起来。从数量来看，截至2019年末，我国民办幼儿园共17.32万所，占全国幼儿园总数的61.61%。从在园人数来看，2019年民办幼儿园在园人数达2649.4万人，占全国幼儿园总在园人数的比重达56.21%。从师资规模来看，2019年民办幼儿园教职工人数为3205163人，专任教师为1692986人，占全国幼儿园教师比重分别为65.2%和61.27%。目前，民办教育机构已占据我国学前教育产业六成以上市场份额，成为促进学前教育领域发展的重要力量。民办幼儿园还分为营利性幼儿园和非营利性幼儿园，营利性幼儿园营业范围已扩展到了更大的范围，如有一家营利性幼儿园服务公司的服务范围就包括："6岁学前教育；营利性民办幼儿园；教育信息咨询；托儿所服务；仅限0—3岁儿童看护活动；教育软件；教育项目研发；教育文化活动的组织；策划及咨询服务；儿童智力游戏；儿童用品的开发及技术咨询；儿童摄影；家政服务；批发零售玩具、教具、文化用品、服装、百货"。

就幼儿权威道德敏感性的发展而言，因为民办幼儿园具有更强的服务意识，在学生的管理方面就会体现出更多的人文关怀。民办幼儿园，尤其是已经具有一定品牌知名度的幼儿园，会严格控制大中小班的学生人数，在大多数民办幼儿园，小班人数都会控制在15人以下，这就给教师进行民主型管理带来了可能，教师会关注到每一个幼儿，对于他们的需求能给予及时的回应，对于他们的不良行为也能进行及时的干预，因此，幼儿在这种环境中所理解的权威更多来自于对教师的信赖。

9.3 社会环境对幼儿权威敏感性的影响

9.3.1 文化对幼儿权威敏感性的影响

个体是在自己所属的文化生态中成长发展的，其行为、态度会受到自己所处文化的影响，这种影响是潜在的，个体在不知不觉中就会打上自己所属文化环境的烙印，自己的行为选择很多时候不是自己的选择，而是文化的一种必然选择。因此，对于如何育儿，很多时候是由所处时代、所处地域的文化所决定的。不同地域之间、不同年代育儿观念差异巨大，这种差异不仅体现在不同的个体之间，同一个体在不同的时期对育儿又有可能持不同的观念。

对于“生”孩子的问题，今天我们的观念已经发生了巨大的转变，其实对于“育”的孩子同样发生了巨大的变化，因为其内隐性和复杂性，大多数人可能仅仅停留在了“育”的经济投入层面，而忽略了“育”的内涵层面。实质上“育”并不全是教育和社会层面的问题，更是哲学和道德层面的问题，它要回答“何为人？”的问题，只有对这个问题有了一个比较清晰的答案，我们的“育”才会有方向。“权威”在育人过程中也悄悄地发生着转变，传统意义上的权威更在意形式，比如我们在寺庙里看见的各种神的形象，这些神的形象大多比较威严，仅通过其形象就让民众有一定的畏惧感。这种形式上的“权威”也会体现在教育上，教师似乎具有天然的权威性，最终体现为学生对教师的顺从，而不是对知识的尊重；我们的“育”也更多强调个体对社会的适应，而忽视个体对自己生命意义的追寻，这种形式权威通过学校和家庭层面不断塑造着社会人的形成，而忽略了个体人的成长。

近半个世纪以来，我国社会发展的速度令世人惊叹，我们用半个世纪走过了别人多年的历程，这种发展不仅体现在经济领域、社会领域，在人的解放层面也做出了非常伟大的成就，人被尊重的程度在中国历史上是最高的。体现在我们日常生活中就是孩子作为一个独立的个体被人们所尊重，其生命质量越来越受父母和社会的重视。家长的角色权威逐渐被内涵权威所取代，越来越多的家庭采用民主的教养方式和孩子相处。受传统“忠”“孝”文化的影响，长期以来我们的家庭教育观念都是要求孩子必须无条件服从长辈，家庭中的长幼次序就是其在家族中的身份和权威的代表，尽管这种森严的家庭等级观念已经逐渐淡化，但并没有完全消失，体现在家庭教育中，就是祖辈和父辈教育观念存在冲突。在祖孙三代人相处的家庭中，尽管因为隔辈亲，有些爷爷奶奶对孙子比较溺爱，但父母和孩子出现冲突的时候，祖辈的权威依然体现得比较明显。还有一个问题是，家长可能会通过一种“非爱”的方式达到对孩子的控制，即打着爱的名义实现对孩子的控制，最为典型的例子就是通过对孩子诉说养育之苦让孩子在情感上产生对父母的亏欠感，进而控制孩子服从自己。尽管这种控制式的养育方式在上一代的亲子关系中较多，但在新生代的家庭中，尤其在高社会经济地位家庭中已经很少出现，然而在部分农村/城市留守儿童家庭、低社会经济地位的家庭中，这种绑架式的教育方式可能仍然有部分存在。好在随着社会的发展，家庭结构也发生了明显的变化，多数家庭都已经变成了核心家庭，祖辈对孩子的影响已经越来越弱，年轻一代父母也很少通过树立身份权威对孩子进行控制。

第十章　幼儿忠诚敏感性培养

忠诚主要是针对个体和群体之间的关系提出的一种道德规则。在人类社会中，个体想通过自己一个人的力量活下来非常困难，必须依赖于群体才能生存，反过来，一个群体要长久的存活下来，就必须保护好自己的成员，如果群体中的成员不受群体保护，那这个群体很快也会分崩离析。忠诚是人类社会发展过程中，个体和群体之间达成的一种契约，它作为有助于个体和群体生存的法则被提升到了美德的层面，在任何群体内都被倡导。因此，对于个体来说我们必须要认识、了解、接受、履行这一道德规则。

忠诚既有先天的成分也有后天的成分，在几乎所有的高等动物中，幼崽出生后都会对母亲有强烈的依恋，始终紧随母亲左右，在一些群居动物中，幼崽不仅会紧随母亲的步伐，还会追随群体的脚步。同样的，一个群体更容易接纳自己的同类，这点在人类群体中表现得最为明显，我们都会更容易接纳和我们有相同肤色，来自同一区域，有共同的信仰等相似特质的人，这种倾向性在幼儿时期就已经表现得比较明显了。

10.1　家庭环境对幼儿忠诚敏感性的影响

10.1.1　忠诚源于幼儿生存的需要

忠诚最早表现为婴幼儿对母亲的依恋，这时的忠诚具有一定的先天性，因此，人们大多以为这种依恋和忠诚没有关系，但实质上依恋就是忠诚的初始表现。幼崽刚出生的时候，往往也是最脆弱的时候，其生存面临着各种各样的威胁，这时候母亲能给孩子提供最基本的安全感，孩子只有躺在母亲的怀抱，紧随母亲左右才能获得安全感。这种依恋式的忠诚，人和动物并没有本质性的区别，具有一定的先天性、本能性和自然性。随着年龄的增长，这种忠诚依然表现得比较明显，只是其形式发生了变化，那就是对忠诚美德的倡导。忠诚，在任何一个群体中都是大家共同倡导的美德。尽管在大多数人看来，对群体成员进行忠诚教育，倡导忠诚美德似乎更有利于统治阶级，尤其在君主专制时期，忠诚可能被倡导为社会的一种核心价值，诚然，这种对民众忠诚的倡导有利于君主的生存和统治，但实质上，忠诚也有利于个体的生存。在自然经济时期，个体想要活下来并不是一件容易的事情，必须依赖于群体，才能获得更多的猎物，这个时期的忠诚是一种自发和自觉，并不是来自群体的一种强行要求，因为只有猎物足够多，大家才能吃饱肚子。因此，在这一时期，即使处在幼儿时期，孩子也会更信赖为自己提供食物的族群。我国的封建社会持续了两千多年，直到今天我们依然具有很强的家族观念，之所以会这样，就是源于个体对群体的忠诚会让个体获得更多利益，不仅有助于个体活下来，更有助于个体活得更好。

在物质极大丰富的今天，对于个体而言，往往并不局限于生存的需要，还会有更多的情感需要，我们为幼儿提供生存的基本条件已不再是他们忠于家庭的核心要素了，他们更需要的是一种情感安全感，他们希望家庭能提供一种更舒服的情感体验。父母能不能为幼儿提供有效的情感支持，成为幼儿能否忠于家庭、对家庭有归属感的重要因素。这种情感支持依赖于父母对幼儿的理解、尊重。

10.1.2 忠诚源于家庭对幼儿的保护

一个家庭、家族、部落要繁荣昌盛，首先就要对自己的成员具有足够的保护能力，这种保护不仅体现在保护个体的生命安全，更体现在保护个体的尊严、自由、权利、利益等。一个群体如果能给个体提供更好的生存空间，那么这个群体就会有更强的向心力，个体对群体的忠诚度就会增加，相反，如果一个群体无法给个体提供更好的生存空间，就会面临个体的流失、群体的崩溃。从人类社会发展进化史来看，任何一个家族、部落的昌盛都离不开群体的保护机制。忠诚不是群体对个体的一种强迫式要求，而是个体对群体保护机制认可的一种自然表达。中国封建时期的社会是典型的家族式社会，每个家族的起起落落，和这个家族对个体的生存、生活的保护机制密切相关，如果一个家族的长者能够营造出一片祥和的气氛，保证每个家庭成员健康成长，为家族和每个成员创造最大的财富，那么这个家族的凝聚力就会更强，家族中长者的权威性就会更大，成员汇聚于家庭的可能性就会更大。相反，如果家族中的长者创设的家庭氛围比较紧张，创造的财富越来越少，家族内部的分配机制不够公平，个体的发展和利益得不到保护，就有可能导致家庭内部成员之间的矛盾激化，最终走向衰落。

对于物质极大丰富的今天而言，个体的情感需要就变得极为突出，个体忠于群体的基础就变为群体要为个体提供充分的情感支持。家庭需要为幼儿成长提供的保障已不仅是衣食住行，更重要的是温馨的家庭氛围、温暖的情感交流、有趣的灵魂对话、活跃的思想碰撞，让幼儿的心灵得到滋养，让幼儿的智慧得到启发。家不仅是幼儿身体安放的地方，更是幼儿精神世界得到丰富的地方。幼儿能接受、认同家庭，源于家庭能为幼儿提供情感寄托和情感支持，好的家庭氛围和夫妻关系才是幼儿成长的最优乐园。如果说在社会发展比较落后的情况下，个体最大的需要就是活下来，那么现在个体最大的需要则是活得好一点，而家庭能不能给幼儿创设温馨的家庭氛围就是幼儿愿不愿意忠于家庭的主要因素了。所以，今天个体能不能忠于家庭的底层逻辑已经变为家庭要给个体提供情感支持，如果一个家庭没有办法给家庭成员提供足够的情感支持，那么这个家庭也就面临着分崩离析。

当今很多父母在教育孩子的过程中力不从心，这种无力感倒不是因为物质和经济压力，而是很多家长发现自己不具备给孩子提供情感支持的能力，这种能力需要家长具有一定心理学和教育学的基本知识，了解儿童的成长规律，具有最基本的共情能力，具有充分的同理心，能站在孩子的立场体验孩子的感受，能对孩子有充分的尊重等，只有这样，孩子才有可能爱自己的父母，爱自己的家庭。显然，没有经过培训就匆忙上岗的很多家长并不具备为人父母的能力，最终可能会导致孩子不喜欢这个家庭，严重的可能会离家出走。因此，对于今天群体最小的单位——家庭而言，如何打造超强的凝聚力，让每个成员都热爱这个小群体，最核心的因素就在于这个群体能为个体提供爱的滋养。

10.2 学校环境对幼儿忠诚敏感性的影响

10.2.1 忠诚始于朋友关系

忠诚的概念来源于群体，幼儿对忠诚的认识开始于朋友关系的确立。如果说婴幼儿对父母的忠诚带有先天因素的话，那么作为和幼儿没有血缘关系的朋友，则最能体现忠诚敏感性的发展情况。幼儿从三岁左右开始就慢慢有了自己的固定玩伴，孩子大多时候会和父母朋友的小孩或者邻居家的小孩一起玩耍，当进入幼儿园后，在一个班里，幼儿会说出自己最喜欢的小朋友的名字，当他们有好吃的食物或好玩的玩具时，他们最先喜欢和自己关系最好的朋友分享，这是朋友关系的萌芽，友谊形成的表现。随着年龄的增长，幼儿会替朋友保守秘密，也会把自己的小秘密告诉朋友，相信朋友不会出卖自己。

幼儿园为孩子友谊的发展、忠诚敏感性的提高提供了机会。在这里孩子会找到自己最喜欢的小朋友发展友谊，并逐渐认识到朋友关系最核心的要素就是信赖、忠诚。当然，这种认识也是在不断尝试和成人教导之下进行的。我们也会发现幼儿之间的友谊其实也很脆弱，今天两个人玩得很好，明天可能就因为争抢玩具而破裂，但后天可能又和好了，幼儿就是在和自己的同辈群体的相处中，不断探索维系朋友关系的方法，在这个过程中幼儿最先理解的就是朋友之间的互惠，如互相分享食物和玩具。忠诚对于幼儿来说发展相对缓慢，直到上幼儿园中班以后，幼儿才开始意识到要保守朋友的秘密，同时，也开始维护集体的利益，对自己所在班级更加偏爱。

10.2.2　忠诚源于集体意识

从上幼儿园开始，幼儿就开始过集体生活，孩子们逐渐要从“我”转向“我们”，这对于幼儿来说也是一个质的变化。对于小班和中班的很多幼儿来说，他们还不理解“我们”这个概念，他们当中有很多人依然处在“自我中心”阶段，他们甚至不知道自己在哪个班，认为除了他们班级之外就没有别的班级，他们可能明白自己和他人之间的边界，但却无法明白自己所在班级和别的班级之间的区别与关系，幼儿只有度过了“自我中心阶段”，才会开始慢慢产生集体意识，他们逐渐会将自己的班级和别的班级比较，往往也认为自己所在的班级更好。

在我们的日常教学过程中，如果经常使用一些集体游戏的方式引导孩子，则孩子更有可能早一点发展自己的集体意识，如我们常常将孩子分组进行游戏，对表现好的小组进行表扬，对表现不好的小组进行批评，这在一定程度上会让幼儿知道，小组的成绩也和自己相关，他们也会逐渐因为自己对小组做出的贡献而骄傲，也会因自己导致小组受到批评而内疚。当我们在教学中进行集体意识的培养后，幼儿就会逐渐将自己和集体紧紧联系在一起，甚至会将集体的重要性放在比自我更重要的位置。

孩子在幼儿园对集体的认识不仅依赖于班级内部的小组游戏和小组比赛，更离不开学校组织的各种班级之间的活动。在一些调研的过程中向中班的孩子提问，“你知道除了你们班之外，还有其他的班级吗”，有相当一部分幼儿会说没有，原因可能来自两个方面，一方面可能是孩子自身的集体意识发展水平还没有达到一定的程度，他们确实认为除了自己班级之外，没有别的班级；另一方面也说明教学活动中可能缺乏全校性的集体活动。在调研过程中我们发现大部分的幼儿园没有空间较大的操场，孩子绝大部分时间在教室内，教室外活动的时间不超过1个小时。就孩子的集体意识而言，孩子很少接触到别的班级，也很少和别的班级之间有一定竞争性的活动，这在一定程度上限制了孩子集体意识的发展。因此，我们建议政府有关部门要加强幼儿园校舍的建设，同时对幼儿的集体户外活动时间也要做出严格规定，并敦促学校认真执行。

10.3 社会环境对幼儿忠诚敏感性的影响

10.3.1 文化对幼儿忠诚敏感性的影响

长期以来“忠孝”文化在我国占据着重要的思想位置，它是维系我们这个民族社会正常运转的底层逻辑，中华儿女几乎每个人都深受其影响，直到今天这种文化依然影响着我们。忠于集体有助于集体和自己的生存，这在道德层面无可厚非，然而当这种“忠孝”文化的价值观被过度放大时，就会出现很多“愚忠，愚孝”现象。

国家要发展，思想文化要先行，对于今天的我们来说，如何面对道德层面的“忠孝”依然值得我们认真思考，我们批判“愚忠，愚孝”并不是要否定忠诚作为一种道德层面的核心价值对人类发展所产生的价值。人是社会性的群居动物，忠诚和每个人、每个群体的生存密切相关，个体忠诚于群体，群体对个体进行保护，这是人类长期进化后形成的生存规则，也是所有群体都崇尚的一种价值观，我们要正视忠诚在社会发展中的价值导向作用，让孩子从小了解、认识、理解、接受忠诚对其发展的价值意义。

10.3.2 对幼儿进行爱国主义教育

幼儿对国家、对集体的认识是模糊的，但这并不等于他们没有爱国的情感。价值观的形成来源于对价值倾向对象的认识和情感投入，因此，对幼儿进行家庭、家乡、国家层面相关文化知识的介绍是有必要的。国家和集体对幼儿来说都是比较抽象的概念，试图让幼儿理解这两个概念的涵义显然是不现实的，这超出了幼儿的认知水平，但对于停留在具体形象思维阶段的幼儿来说，我们通过一些表征国家和集体形象的绘本则有可能增强他们对国家这个概念的理解。实际上成人对一些抽象概念也是通过具体的事物来间接认识的，这符合我们认识抽象事物的一般原理。因此，通过符号、标签等具体事物对幼儿进行国家和集体的介绍就很有意义。

对于幼儿而言我们可以通过绘本的形式告诉孩子，每一种动物都有自己所属的群体，比如蚂蚁、蜜蜂、狮子等，也可以通过动画的形式介绍这些群体之间的故事，如《灰太狼与喜羊羊》。孩子在这个动画片中就会发现，羊是一个群体，狼是一个群体，同一个群体内部大家都会保护自己的成员。同时，孩子也慢慢知道羊群中的每一个成员要忠于自己所在的群体，爱护自己的同伴，否则就可能被狼群吃掉。当你要求孩子们要热爱集体时，孩子们可能并不知道集体是什么，但当你问喜洋洋会更爱羊群呢还是更爱狼群，他们一定会说更爱羊群，这其实就是幼儿对集体的一种初步的认识和接纳。尽管幼儿可能比较讨厌灰太狼一家，但这也让孩子们认识了另一个群体的存在。当然，并不是任意两个群体之间就一定会发生冲突，我们从这部动画片里也发现了作者的精妙设计，尽管狼群和羊群似乎是势不两立的两个群体，但在最后，灰太狼和小羊们都成了朋友，这也是引导孩子们处理不同群体之间利益和关系的一种方式。对于国家的概念，幼儿的认识来自于五星红旗，来自于国歌，来自于语言，来自于地图，来自于日常的风俗习惯等，对国家表征的符号太多，我们需要做的就是让孩子们了解不同的国家符号，进而对我们的国家产生更多的积极情感。爱国实际上是一个自然的过程，这是人性的一部分，我们都喜欢自己的熟悉的东西，它能给人带来心理上的安全感，因此，爱国的凝聚力拥有天然的成分，我们要做的就是让孩子们认识我们国家共同的文化符号，喜欢我们的文化符号，进而热爱我们的文化，热爱我们的国家。

第十一章　幼儿圣洁敏感性培养

圣洁敏感性是指保持干净、圣洁，追求精神上的升华，远离不干净的人和物，避免肮脏与污秽的道德内容。这是人类在长期的进化过程中为了避免感染疾病，形成的能迅速检测危险信息，并通过自动的厌恶反应远离危险的免疫系统。在人类社会发展的后期，人们更趋向于追求精神层面的圣洁。但对于幼儿而言，精神层面的圣洁显然已经超出了他们的认知能力，因此，他们对圣洁的认识更多地停留在日常生活的卫生层面。更何况很多宗教对圣洁的至高精神追求其实也是通过各种宗教洗礼形式落实到人们的日常生活中来的，这就给通俗意义上的卫生和精神意义上的圣洁搭建了桥梁，让宗教的圣洁落实到人们的日常生活中，也让人们在面对宗教的精神指引时不至于无所适从。因此，日常生活中对卫生的要求不仅是当下父母对孩子生活习惯的一种要求，从宗教和人类发展史来看，它可能已经通过文化基因传递的方式深深地印在了我们的血液中，无时无刻不通过一种内隐的形式影响着我们每个人的卫生行为。幼儿成长于这种环境之中，尽管他们并不了解宗教的内在涵义，但他们的卫生行为习惯却无时无刻不受到成人和周围环境约束，他们对圣洁的理解更多地停留在干净整洁方面，因此我们对幼儿圣洁敏感性的观察和认识也将更多地从这个角度入手，了解他们的卫生意识和卫生习惯，通过恰当的外在环境影响并提高他们的圣洁敏感性。

11.1　家庭环境对幼儿圣洁敏感性的影响

11.1.1　家庭卫生观念对幼儿圣洁敏感性的影响

越来越多的研究证明家庭环境，包括家庭中成人的很多价值观、行为方式、生活习惯等都会影响孩子，孩子的很多价值态度来自于父母的早期引导，或者说是孩子通过对父母观察后的一种模仿学习。价值学习理论告诉我们，成人对很多事物的态度表达对孩子的价值倾向产生影响。卫生作为我们生活中每天都要面对的问题，我们对其持有的态度会直接影响孩子对卫生的态度。如果我们认为保持卫生和洁净非常重要，就会对孩子的各种卫生行为进行指导，比如不能吃掉在地上的食物，穿的衣服要保持整洁等，孩子在大人的要求下也会慢慢注意自己的卫生习惯，长此以往，这种对卫生的要求就会成为孩子自身持有的一种观念。

不同地域民众的卫生观念差距巨大，最为典型的代表就是日本人的卫生观念极高，他们极其热爱干净，就算喝杯橘汁也需要刷牙，而有些国家民众的卫生观念就相对较弱，比如非洲的部分国家或者部落，他们至今还有吃生肉或者将泥巴涂到身上的习惯。这些不同的生活卫生习惯其实和他们的卫生观念有很大的关系。一般来说，越是发达、越是文明、越是先进的群体或国家，人们的卫生观念往往越好，越是落后的群体或国家，其民众的卫生观念往往越差。

11.1.2　家庭卫生环境对幼儿圣洁敏感性的影响

人是环境的产物，环境对人的影响巨大，对于个体成长而言，家庭里的人文环境固然重要，但家庭里的自然环境——卫生，也同样非常重要，长期居住在卫生整洁的家庭环境中的人是无法忍受家里面的脏乱差，而这种对卫生环境的态度倾向其实就来自于个体早先所处的环境。这就好比老虎无法生活在草原上，狮子也没办法生活在丛林中。尽管有时我们也无法通过一个家庭的整洁情况作出道德判断，那可能就是一种习惯而已，但从圣洁道德价值的进化历程来看，洁净的环境可以避免细菌滋生，更有利于个体生存，人类在长期的进化过程中已经将这种道德文化深深地刻在了基因里，因此，我们甚至都无法解释，或者说没有意识到我们为什么会更加喜欢洁净，但我们的行为倾向已经表现出我们更趋向于生活在比较干净的环境中。保持家庭卫生整洁，不仅有利于我们的身心健康，更有利于幼儿形成积极的卫生习惯和环境态度。

人们在教育中常常会用“言传身教”来表达教育的两种重要方式——言语上的引导和身体力行的示范。“言传”是将间接知识通过幼儿识记的方式让孩子对其有一定的认知，它是一种由外而内的要求；“身教”则是个体由内而外的一种学习行为，常常表现为个体的一种自觉模仿，模仿是重要且效率很高的一种学习方式，它在很大程度上是以一种隐性的形式进行的，孩子会在不知不觉中学会父母的一些行为，成人也会在不知不觉中教会孩子一些事情，这也就是为什么有时“身教”胜于“言传”的原因。卫生习惯的养成多半是在身教的过程中形成的。喜欢干净的父母会把屋子收拾得非常整洁，各种物件摆放得整齐有序，父母经常打扫屋子、洗衣服、早晚刷牙洗脸等，这些行为都会看在孩子的眼里。孩子受到父母的影响就会形成良好的卫生习惯，譬如每天洗自己的袜子，把自己的玩具、书籍摆放得整整齐齐，而这种行为也会得到父母的赞扬和褒奖，这又会进一步强化孩子爱干净的生活习惯和态度。这也就是为什么喜欢干净的父母带出的孩子也会比较喜欢干净、整洁的原因。

11.2 学校环境对幼儿圣洁敏感性的影响

11.2.1 学校卫生教育对幼儿圣洁敏感性的影响

在幼儿园的日常教学活动过程中，卫生习惯的教育是一个非常重要的部分。孩子对日常生活中道德对错问题的认识往往也是从成人对其卫生习惯的引导开始的。在孩子出生后听到最多的语言信息可能就是和卫生相关的话题，诸如，掉在地上的食物不能吃，不要把衣服弄脏等。尽管在3岁之前，有关卫生方面的对错判断家长也在不断地引导和纠正，但在幼儿园期间，教师将会以教学的方式系统对幼儿的卫生习惯进行教育，这种卫生教育更全面、更细致，会把生活中可能涉及的幼儿经常犯错的卫生习惯归类向幼儿进行引导教育，让幼儿首先能明辨生活中的一些卫生常识。另外，幼儿教师基本上毕业于学前教育专业，受过专业的训练，她们对于幼儿的心理发展特点更加清楚，更懂得卫生对于幼儿健康的重要性以及如何引导幼儿形成良好的卫生习惯。在日常的幼儿园生活中，他们会利用一点一滴的细节给孩子们进行卫生健康教育，对孩子们出现的卫生问题进行纠正，而这一时期教师又是幼儿生活中的权威，幼儿对教师的话言听计从，尤其在大班的时候，教师的权威性会表现得更加明显，教师对幼儿卫生方面的要求幼儿也会遵从。

11.2.2 学校卫生环境对幼儿圣洁敏感性的影响

教育部门对幼儿园的卫生环境有硬性要求。尽管，幼儿在进入幼儿园以前家长可能就对其卫生习惯有了一定的要求，但每个家庭的卫生习惯并不一样，在一个家庭看来无法接受的卫生问题，在另一个家庭看来则有可能是可以接受的。比如，在一些家庭，孩子吃不完的剩饭大人会吃掉，但在另外一些家庭中，这是绝对不可接受的。又如，有些家庭会把家里收拾得非常干净整洁，但在另外一些家庭则有可能会非常杂乱，但他们有可能都认为自己的生活卫生习惯没有问题，等等。因此，通过学校给孩子们提供标准的卫生环境可以让所有的孩子都知道，人们生活的环境应该是什么样的。也正是基于这样的考虑，幼儿园通常都有基本的环境卫生要求，而且会接受上级教育部门和卫生部门的监督管理。因此，在几乎所有的幼儿园里，不论是教室的卫生，还是校园的卫生环境都非常好，这不仅会让孩子在校园里面活动时感到非常舒畅，更重要的是让他们从小树立了保持良好卫生环境的习惯。这符合环境心理学的基本原理，人们在干净的环境中往往更倾向于保持环境的干净，在脏乱的环境下更倾向于随手丢弃垃圾。校园良好优美的卫生环境有利于孩子从小养成干净卫生的生活习惯。

实际上，尽管我们也知道孩子在户外活动可能更好，但基于安全等因素的考虑，当下的幼儿在教室里活动的时间比操场上活动的时间要长得多，这已经是一个不争的事实，因此，教室里的卫生环境对他们的影响更大，幼儿园对教室里面的环境卫生要求往往也会更高，每天都有专门的老师负责幼儿教室和起居室的卫生打扫，学校也会对教室和起居室进行检查。不仅如此，大部分的幼儿园会把教室布置作为教师正常教学中的一部分，组织教师进行教室布置的比赛，通过各种方式引导大家做好教室卫生环境工作。当然这往往也是幼儿教师的强项所在，她们在大学进行专业学习时就有相关课程的学习，也懂得幼儿的美术心理，她们会充分考虑孩子的年龄特点，将教室环境布置得干净整洁、美观大方，让孩子充分享受教室的温馨。幼儿从小在一个干净整洁的环境中成长，接受环境熏陶，容易形成良好的卫生习惯，也有助于幼儿圣洁敏感性的提升。

11.3　社会环境对幼儿圣洁敏感性的影响

11.3.1　公共卫生服务体系对幼儿圣洁敏感性的影响

在幼儿成长过程中，不同的年龄阶段分属政府不同职能部门管理，从出生到三岁上幼儿园之前，孩子的发展主要归卫生部门管理，主要针对孩子的生理发育和身体发育展开工作，这一段时间会有卫生部门的工作人员提醒家长让孩子接种相关的疫苗等。孩子上幼儿园后，对孩子负主要责任的政府行政部门就变为教育部门。实质上，尽管在幼儿阶段，孩子的主要管理部门是教育部门，但卫生部门对幼儿阶段的监管依然非常严格，诸如对幼儿饮食安全的不间断抽查，组织工作人员给孩子在幼儿园接种疫苗等。从两个部门同时对幼儿的监管可知，幼儿卫生工作在我国政府行政体系中占据非常重要的位置，不仅主管部门对幼儿健康的监管具有不可推卸的责任，各级政府主要领导也会对幼儿的卫生安全承担主体责任，从各级各部门对幼儿卫生安全工作的重视就可以看出，我国政府在幼儿的卫生管理方面采取了非常有效的措施保障了幼儿的卫生安全和身体健康。

幼儿从出生以来就面临着各种疾病的威胁，尤其在1岁左右断乳之后，患病的风险就急剧增加，幼儿经常会被父母带着出入医院，这是他们对疾病的最初认知。实质上，随着我国医疗体系的建立和完善，幼儿对医疗卫生的感性认识越来越早，人们常在网上看到1岁左右的小萌娃打疫苗时，前一秒还望着漂亮的护士小姐姐憨笑，下一秒被打针后哇哇大哭，孩子们从那一刻开始可能就对白衣天使们留下了深刻印象。随着孩子们的成长，还会不断地打各种疫苗，孩子们也会逐渐明白，打疫苗是为了保护他们的健康，而这种公共的卫生机构和体系就是为了保护每个人的健康。幼儿在自己的成长过程中也会不断提升自己对医院和医疗体系的认知，从开始对打针的恐惧到对医生、护士的崇拜，这些都在改变着他们对医疗和公共卫生系统的价值态度，他们的小脑袋一定也在不断进行对医疗卫生体系的善恶评价。

11.3.2　重大公共卫生事件对幼儿圣洁敏感性的影响

世界范围内会不定期地爆发重大公共卫生事件，出现新的传染性疾病，从艾滋病到SARS再到近两年的新型冠状病毒肺炎，这些事件在不断提醒着人们，卫生、洁净的环境对于人类生存的重要性。在人类长期的进化过程中，我们已经具备了对病菌、肮脏事物的本能反应，尽管如此，不定期的重大卫生事件还是在不断提醒我们追求干净的生活环境。尤其当前世界范围内的新型冠状病毒肺炎疫情再次引起了人们对卫生环境的价值思考。

实际上，不仅成人在这次疫情当中开始重新审视个体和自然之间的关系、个体如何面对病菌和疾病，就连孩子也开始发现疫情给人们生活上带来的各种变化。他们在用自己的眼睛悄悄观察着这个世界，周围世界的小小变化都在触动着他们，进校门时，被要求测量体温；活动后被强调要洗手；大人们被要求排队打疫苗；外出被要求戴口罩……这些经历会深深地刻在他们的脑海里。相信这次疫情也会加深他们对病毒的理解，令孩子们对疾病的认识更加深刻，使他们从小懂得环境卫生的重要性。

参考文献

[1] Abrams D, Rutland A, Cameron L. The development of subjective group dynamics: Children's judgments of normative and deviant in-group and out-group individuals. Child development [J]. 2003,74(6):1840-1856.

[2] Abrams D, Rutland A, Cameron L. Older but Wilier: In-Group Accountability and the Development of Subjective Group Dynamics. Developmental Psychology [J]. 2007, 43(1):134-148.

[3] Abrams D, Rutland A, Pelletier J, Ferrell J. Children's group nous: Understanding and applying peer exclusion within and between groups. Child development [J]. 2009,80(1): 224-243.

[4] Albanese O, Stasio S, Chiacchio C, Fiorilli C, Pons, F. Emotion comprehension: The impact of nonverbal intelligence. The Journal of Genetic Psychology [J]. 2010,171(2):101-115.

[5] Anderson C, Gerbing W. Assumptions and comparative strengths of the two-step approach: Comment on Fornell and Yi. Sociological Methods & Research [J]. 1992, 20(3):321-333.

[6] Anderson A, Masicampo E. Protecting the innocence of youth: Moral sanctity values underlie censorship from young children. Personality and Social Psychology Bulletin [J]. 2017,43(11):1503-1518.

[7] Andreas J, Watson W. Moderating effects of family environment on the

association between children's aggressive beliefs and their aggression trajectories from childhood to adolescence. Development and psychopathology [J] . 2009,21(1): 189-205.

[8] Apperly A. What is "theory of mind" ? Concepts, cognitive processes and individual differences.The Quarterly Journal of Experimental Psychology [J]. 2012,65(5): 825-839.

[9] Baird J, Astington W. The role of mental state understanding in the development of moral cognition and moral action. New Directions for Child and Adolescent Development [J] . 2004(103):37-49.

[10] Balconi M, Pozzoli U. Arousal effect on emotional face comprehension: frequency band changes in different time intervals. Physiology & behavior [J] . 2009,97(4):455-462.

[11] Baron S, Dunham Y. Representing 'us' and 'them': Building blocks of intergroup cognition. Journal of Cognition and Development [J] . 2015,16(5):780-801.

[12] Baumard N, Mascaro O, Chevallier C. Preschoolers are able to take merit into account when distributing goods. Developmental Psychology [J] . 2012,48(2):492-497.

[13] Baykara G, Demir S, Yaman S. The effect of ethics training on students recognizing ethical violations and developing moral sensitivity. Nursing ethics [J] . 2015, 22(6): 661-675.

[14] Belacchi C, Farina E. Feeling and thinking of others: Affective and cognitive empathy and emotion comprehension in prosocial/hostile preschoolers. Aggressive behavior [J] . 2012,38(2):150-165.

[15] Bierman L, Domitrovich E, Nix L, Gest D, Welsh J, Greenberg T, Gill, S. Promoting academic and social-emotional school readiness: The Head Start REDI program.Child development [J] . 2008,79(6):1802-1817.

[16] Blader L, Wiesenfeld M, Fortin M, Wheeler-Smith L. Fairness lies in the

heart of the beholder: How the social emotions of third parties influence reactions to injustice. Organizational Behavior and Human Decision Processes [J] . 2013,121(1):62-80.

[17] Blake R, Rand G. Currency value moderates equity preference among young children. Evolution and human behavior [J] . 2010,31(3):210-218.

[18] Brabeck M, Rogers A, Sirin S, Henderson J, Ting K. Increasing Ethical Sensitivity to Racial and Gender Intolerance in Schools: Development of the Racial Ethical Sensitivity Test. Ethics & Behavior [J] . 2000,10(2):119-137.

[19] Brenner J, Inbar Y. Disgust sensitivity predicts political ideology and policy attitudes in the Netherlands. European Journal of Social Psychology [J] . 2015,45(1):27-38.

[20] Brownell C, Svetlova M, Anderson R, Nichols R, Drummond J. Socialization of early prosocial behavior: Parents' talk about emotions is associated with sharing and helping in toddlers. Infancy [J] .2013,18(1):91-119.

[21] Butterfield D, Trevin K, Weaver R. Moral awareness in business organizations: Influences of issue-related and social context factors. Human relations [J] . 2000, 53(7): 981-1018.

[22] Bzdok D, Schilbach L, Vogeley K, Schneider K, Laird R, Langner R, Eickhoff S. Parsing the neural correlates of moral cognition: ALE meta-analysis on morality, theory of mind, and empathy. Brain Structure and Function [J] . 2012, 217(4):783-796.

[23] Camodeca M, Caravita C, Coppola G. Bullying in preschool: The associations between participant roles, social competence, and social preference.Aggressive behavior [J] . 2015,41(4):310-321.

[24] Cannon R, Schnall S, White M. Transgressions and expressions: Affective facial muscle activity predicts moral judgments. Social Psychological and Personality Science [J] . 2011,2(3):325-331.

[25] Cassidy W, Werner S, Rourke M, Zubernis S, Balaraman, G. The relationship between psychological understanding and positive social behaviors.Social Development [J]. 2003,12(2):198-221.

[26] Castelli L, Amicis L, Sherman J. The loyal member effect: On the preference for ingroup members who engage in exclusive relations with the ingroup. Developmental Psychology [J] .2007,43(6):1347.

[27] Catherine L, Schonert A. Children's perceptions and comforting strategies to infant crying: Relations to age, sex, and empathy-related responding. British Journal of Developmental Psychology [J]. 2011,29(3):524-551.

[28] Chalik L, Rhodes M. Preschoolers use social allegiances to predict behavior. Journal of Cognition and Development [J]. 2014,15(1):136-160.

[29] Cheng Y, Chen C, Decety J. An EEG/ERP investigation of the development of empathy in early and middle childhood. Developmental Cognitive Neuroscience [J]. 2014,10:160-169.

[30] Cheng Y, Hung Y, Decety J. Dissociation between affective sharing and emotion understanding in juvenile psychopaths. Development and psychopathology [J]. 2012, 24(2):623-636.

[31] Clarkeburn H. A test for ethical sensitivity in science. Journal of Moral Education [J]. 2002,31(4):439-453.

[32] Clifford S, Iyengar V, Cabeza R, Sinnott-Armstrong W. Moral foundations vignettes: A standardized stimulus database of scenarios based on moral foundations theory. Behavior research methods [J]. 2015,47(4): 1178-1198.

[33] Crawford T, Inbar Y, Maloney V. Disgust sensitivity selectively predicts attitudes toward groups that threaten traditional sexual morality. Personality and Individual differences [J]. 2014,70:218-223.

[34] Cuff M, Brown J, Taylor L, Howat J. Empathy: A review of the concept. Emotion Review [J]. 2016,8(2):144-153.

[35] Cutting L, Dunn, J. Conversations with siblings and with friends: Links between relationship quality and social understanding. British Journal of Developmental Psychology [J]. 2006, 24(1):73-87.

[36] Daniel E, Madigan S, Jenkins J. Paternal and maternal warmth and the development of prosociality among preschoolers.Journal of Family Psychology [J]. 2016,30(1): 114-119.

[37] Darling N, Cumsille P, Martínez L. Individual differences in adolescents' beliefs about the legitimacy of parental authority and their own obligation to obey: A longitudinal investigation. Child development [J]. 2008,79(4):1103-1118.

[38] Davidov M, Grusec J. Untangling the links of parental responsiveness to distress and warmth to child outcomes.Child development [J]. 2006,77(1):44-58.

[39] Davidov M, Zahn C, Roth R, Knafo A. Concern for others in the first year of life: Theory, evidence, and avenues for research. Child Development Perspectives [J]. 2013,7(2):126-131.

[40] Dawson T, Gabrielian, S. Developing conceptions of authority and contract across the lifespan: Two perspectives.Developmental Review [J]. 2003,23(2):162-218.

[41] Decety J, Cowell, J. The complex relation between morality and empathy. Trends in cognitive sciences [J]. 2014,18(7):337-339.

[42] Decety J, Cowell J. Friends or foes: Is empathy necessary for moral behavior? Perspectives on Psychological Science [J]. 2014. 9(5): 525-537.

[43] Decety J, Cowell J. Empathy, justice, and moral behavior. AJOB neuroscience [J]. 2015,6(3):3-14.

[44] DeLoache, J, LoBue, V. The narrow fellow in the grass: Human infants associate snakes and fear. Developmental science [J]. 2009, 12(1):201-

207.

[45] Denham S, Brown, C. “Plays nice with others” : Social–emotional learning and academic success. Early Education and Development [J] . 2010,21(5):652-680.

[46] Dobson P, Carper R. Infectious diseases and human population history. Bioscience [J] . 1996,46(2):115-126.

[47] Dunfield K, Kuhlmeier V, Kelley E. Examining the diversity of prosocial behavior: Helping, sharing, and comforting in infancy.Infancy [J] . 2011,16(3):227-247.

[48] Dunham Y, Baron S, Carey S. Consequences of “minimal” group affiliations in children. Child development [J] . 2011,82(3): 793-811.

[49] Dunham Y, Emory J. Of affect and ambiguity: The emergence of preference for arbitrary ingroups. Journal of Social Issues [J] . 2014,70(1):81-98.

[50] Du J. Validation of the Moral Foundations Questionnaire with three Chinese ethnic groups. Social Behavior and Personality: an international journal [J] . 2019,47(8):1-12.

[51] Edgar J, Nicol J, Clark C, Paul E. Measuring empathic responses in animals. Applied Animal Behaviour Science [J] . 2012,138(3-4):182-193.

[52] Eisenberg N, Fabes R. Empathy: Conceptualization, measurement, and relation to prosocial behavior. Motivation and Emotion [J].1990,14(2):131-149.

[53] Eisenberg N, Zhou Q, Koller S. Brazilian adolescents' prosocial moral judgment and behavior: Relations to sympathy, perspective taking, gender-role orientation, and demographic characteristics. Child development [J] . 2001,72(2): 518-534.

[54] Nokali E, Bachman J, Votruba E. Parent involvement and children’s academic and social development in elementary school.Child development [J] . 2010, 81(3): 988-1005.

[55] Eskine J, Kacinik N, Prinz, J. A bad taste in the mouth: Gustatory disgust influences moral judgment. Psychological science [J]. 2011,22(3):295-299.

[56] Fawcett C, Markson L. Similarity predicts liking in 3-year-old children. Journal of experimental child psychology [J]. 2010,105(4):345-358.

[57] Federico C, Weber R, Ergun D, Hunt C. Mapping the connections between politics and morality: The multiple sociopolitical orientations involved in moral intuition.Political Psychology [J]. 2013,34(4):589-610.

[58] Feshbach N. Empathy in children: Some theoretical and empirical considerations. The counseling psychologist [J]. 1975,5(2):25-30.

[59] Foley M. A comparison of family adversity and family dysfunction in families of children with attention deficit hyperactivity disorder (ADHD) and families of children without ADHD.Journal for Specialists in Pediatric Nursing [J]. 2011,16(1):39-49.

[60] Franklin J. Species distribution models in conservation biogeography: developments and challenges. Diversity and Distributions [J]. 2013,19(10): 1217-1223.

[61] Fry P, Souillac G. The relevance of nomadic forager studies to moral foundations theory: moral education and global ethics in the twenty-first century. Journal of Moral Education [J]. 2013,42(3): 346-359.

[62] Furman W, Bierman K. Children's conceptions of friendship: A multimethod study of developmental changes. Developmental Psychology [J]. 1984,20(5): 925-929.

[63] Garriga A, Martínez-Lucena J, Moreno A. Parents' Relationship Quality and Children's Externalizing Problems: The Moderating Role of Mother–Child Relations and Family Socio-demographic Background. Child and Adolescent Social Work Journal [J]. 2019,36(2):137-154.

[64] Gartstein M, Rothbart K. Studying infant temperament via the revised

infant behavior questionnaire. Infant Behavior and Development [J] . 2003,26(1):64-86.

[65] Geraci A, Surian L. The developmental roots of fairness: Infants' reactions to equal and unequal distributions of resources. Developmental science [J] . 2011,14(5): 1012-1020.

[66] Gonzalez V. Profiles of cognitive developmental performance in gifted children: Effect of bilingualism, monolingualism, and socioeconomic status factors. Journal of Hispanic Higher Education [J] . 2006,5(2):142-170.

[67] Graham J, Nosek B, Haidt J, Iyer R, Koleva S, Ditto H. Mapping the moral domain. Journal of personality and social psychology [J]. 2011,101(2):366-372.

[68] Greene J, Haidt, J. How (and where) does moral judgment work? Trends in cognitive sciences [J] . 2002,6(12):517-523.

[69] Greene J, Nystrom L, Engell A, Darley J, Cohen J. The neural bases of cognitive conflict and control in moral judgment.Neuron [J] . 2004,44(2):389-400.

[70] Gummerum M, Hanoch Y, Keller M, Parsons K, Hummel A. Preschoolers' allocations in the dictator game: The role of moral emotions. Journal of Economic Psychology [J] . 2010,31(1): 25-34.

[71] Gummerum M, Keller M. Moral psychology and economic game theory. International Journal of Developmental Science [J] . 2008.2(3): 206-220.

[72] Gummerum M, Keller M, Takezawa M, Mata J. To give or not to give: Children's and adolescents' sharing and moral negotiations in economic decision situations. Child development [J] . 2008,79(3):562-576.

[73] Hadjicharalambous C, Walsh L. Ethnicity/race and gender effects on ethical sensitivity in four sub-cultures. Journal of Legal, Ethical and Regulatory Issues [J] . 2012,15(1):119-127.

[74] Haidt J. Moral psychology for the twenty-first century. Journal of Moral

Education [J] . 2013,42(3):281-297.

[75] Haidt J, Graham J. When morality opposes justice: Conservatives have moral intuitions that liberals may not recognize. Social Justice Research [J] . 2007,20(1): 98-116.

[76] Hamlin J, Wynn K. Young infants prefer prosocial to antisocial others. Cognitive development [J] . 2011, 26(1):30-39.

[77] Hamlin J, Wynn K, Bloom P, Mahajan N. How infants and toddlers react to antisocial others. Proceedings of the National Academy of Sciences [J] . 2011, 108(50), 19931-19936.

[78] Hein G, Singer T. I feel how you feel but not always: the empathic brain and its modulation. Current opinion in neurobiology [J] . 2008,18(2):153-158.

[79] Hepach R, Vaish A, Tomasello M. Young children are intrinsically motivated to see others helped. Psychological science [J] . 2012,23(9):967-972.

[80] Hirsh J, Young C, Xu X, Peterson J. Compassionate liberals and polite conservatives: Associations of agreeableness with political ideology and moral values. Personality and Social Psychology Bulletin [J] . 2010, 36(5): 655-664.

[81] Huisman M, Deeg D. A commentary on Marja Jylhä's "What is self-rated health and why does it predict mortality? Towards a unified conceptual model" Social science & medicine [J] . 2010,70(5): 652-654.

[82] Huseman R, Hatfield J, Miles E. A new perspective on equity theory: The equity sensitivity construct. Academy of management Review [J] . 1987,12(2):222-234.

[83] Inbar Y, Pizarro D. Disgust, politics, and responses to threat.Behavioral and Brain Sciences [J] . 2014, 37(3):315-316.

[84] Jolliffe D, Farrington D. Examining the relationship between low empathy and bullying.Aggressive Behavior: Official Journal of the International Society for Research on Aggression [J] . 2006, 32(6):540-550.

[85] Jordan J. Taking the first step toward a moral action: A review of moral sensitivity measurement across domains.The Journal of Genetic Psychology [J] . 2007,168(3):323-359.

[86] Jordan J, McAuliffe K, Warneken F. Development of in-group favoritism in children's third-party punishment of selfishness.Proceedings of the National Academy of Sciences [J] .2014,111(35):12710-12715.

[87] Hamlin J, Wynn K, Bloom P. Three-month-olds show a negativity bias in their social evaluations. Developmental science [J] .2010,13(6):923-929.

[88] Kim S, Harris P, Warneken F. Is it okay to tell? Children's judgements about information disclosure. British Journal of Developmental Psychology [J] . 2014,32(3):291-304.

[89] Kinzler K, Corriveau K, Harris L. Children's selective trust in native-accented speakers. Developmental science [J] . 2011,14(1):106-111.

[90] Kinzler K, Spelke E. Do infants show social preferences for people differing in race? Cognition [J] . 2011,119(1): 1-9.

[91] Kochanska G, Aksan N, Joy M. Children's fearfulness as a moderator of parenting in early socialization: Two longitudinal studies. Developmental Psychology [J] . 2007,43(1): 222-231.

[92] Kogut T. Knowing what I should, doing what I want: From selfishness to inequity aversion in young children's sharing behavior. Journal of Economic Psychology [J] . 2012,33(1):226-236.

[93] Kohlberg L, Hersh R. Moral development: A review of the theory. Theory into practice [J] .1977,16(2):53-59.

[94] Kuhlmeier V, Wynn K, Bloom P. Attribution of dispositional states by 12-month-olds. Psychological science [J] .2003,14(5): 402-408.

[95] Lagattuta K, Nucci L, Bosacki S. Bridging theory of mind and the personal domain: Children's reasoning about resistance to parental control.Child development [J] . 2010,81(2):616-635.

[96] Landy J, Goodwin G. Does incidental disgust amplify moral judgment? A meta-analytic review of experimental evidence. Perspectives on Psychological Science [J]. 2015,10(4):518-536.

[97] Lane J, Wellman H, Olson S, LaBounty J, Kerr D. Theory of mind and emotion understanding predict moral development in early childhood. British Journal of Developmental Psychology [J]. 2010,28(4):871-889.

[98] Laupa M. "Who's in charge?" Preschool children's concepts of authority. Early childhood research quarterly [J].1994,9(1):1-17.

[99] Legare C, Wellman H, Gelman S. Evidence for an explanation advantage in naïve biological reasoning.Cognitive psychology [J]. 2009,58(2): 177-194.

[100] Letourneau N, Stewart M, Dennis C, Hegadoren K, Duffett L, Watson B. Effect of home-based peer support on maternal–infant interactions among women with postpartum depression: A randomized, controlled trial. International journal of mental health nursing [J]. 2011,20(5):345-357.

[101] Lewis G, Bates T. From left to right: How the personality system allows basic traits to influence politics via characteristic moral adaptations. British Journal of Psychology [J]. 2011,102(3): 546-558.

[102] Liberman Z, Shaw A. Children use partial resource sharing as a cue to friendship. Journal of experimental child psychology [J]. 2017,159:96-109.

[103] Liberman Z, Shaw A. Secret to friendship: Children make inferences about friendship based on secret sharing. Developmental Psychology [J]. 2018,54(11): 21-39.

[104] LoBue V, Nishida T, Chiong C, DeLoache J, Haidt J. When getting something good is bad: Even three-year-olds react to inequality. Social Development [J]. 2011,20(1):154-170.

[105] Lovecky D. Identity development in gifted children: Moral sensitivity.

Roeper review [J]. 1997,20(2):90-94.

[106] Lovett B, Jordan H. Levels of moralisation: A new conception of moral sensitivity. Journal of Moral Education [J]. 2010,39(2):175-189.

[107] Lützén K, Dahlqvist V, Eriksson S, Norberg A. Developing the concept of moral sensitivity in health care practice. Nursing ethics [J]. 2006,13(2):187-196.

[108] Martinez C, Anne G, Von A, Levendosky A. Resilience among children exposed to domestic violence: The role of risk and protective factors. Child development [J]. 2009,80(2):562-577.

[109] Masarik A, Conger R. Stress and child development: A review of the Family Stress Model. Current Opinion in Psychology [J]. 2017,13:85-90.

[110] Masten C, Gillen C, Brown S. Children's intergroup empathic processing: The roles of novel ingroup identification, situational distress, and social anxiety. Journal of experimental child psychology [J].2010,106(2):115-128.

[111] Master A, Walton G. Minimal groups increase young children's motivation and learning on group-relevant tasks. Child development [J]. 2013,84(2):737-751.

[112] McCrink K, Bloom P, Santos L. Children's and adults' judgments of equitable resource distributions. Developmental science [J]. 2010,13(1):37-45.

[113] McCrink K, Wynn K. Ratio abstraction by 6-month-old infants. Psychological science [J]. 2007,18(8):740-745.

[114] McEachern M, Cheetham F. A conception of moral sensitivity and everyday consumption practices: insights from the moralizing discourses of pet owners. International Journal of Consumer Studies [J]. 2013,37(3):337-343.

[115] Mikhail, J. Universal moral grammar: Theory, evidence and the future.

Trends in cognitive sciences [J] . 2007,11(4):143-152.

[116] Miklikowska M, Duriez B, Soenens B. Family roots of empathy-related characteristics: The role of perceived maternal and paternal need support in adolescence. Developmental Psychology [J] . 2011,47(5):13-42.

[117] Misch A, Over H, Carpenter M. Stick with your group: Young children's attitudes about group loyalty. Journal of experimental child psychology [J]. 2014, 126: 19-36.

[118] Misch A, Over H, Carpenter M. I won't tell: Young children show loyalty to their group by keeping group secrets. Journal of experimental child psychology [J]. 2016,142:96-106.

[119] Molenberghs P, Gapp J, Wang B, Louis W, Decety J. Increased moral sensitivity for outgroup perpetrators harming ingroup members. Cerebral Cortex [J] . 2016,26(1):225-233.

[120] Moll J, Oliveira-Souza R, Bramati E, Grafman J. Functional networks in emotional moral and nonmoral social judgments. Neuroimage [J] . 2002,16(3):696-703.

[121] Moll J, Zahn R, Oliveira-Souza R, Krueger F, Grafman J. The neural basis of human moral cognition. Nature reviews neuroscience [J] . 2005,6(10):799-809.

[122] Moore C, Macgillivray S. Altruism, prudence, and theory of mind in preschoolers.New Directions for Child and Adolescent Development [J] . 2004,103:51-62.

[123] Mostmans L, Bauwens J, Pierson J. "I would never post that" : Children, moral sensitivity and online disclosure. Communications [J] . 2014,39(3): 347-367.

[124] Mulla Z, Krishnan R. Karma-yoga: The Indian model of moral development. Journal of Business Ethics [J] . 2014,123(2): 339-351.

[125] Narvaez D, Bock T. Moral schemas and tacit judgement or how the

Defining Issues Test is supported by cognitive science. Journal of Moral Education [J] . 2002,31(3):297-314.

[126] Olson K, Spelke E. Foundations of cooperation in young children.Cognition [J] . 2008,108(1):222-231.

[127] Ornaghi V, Brockmeier J, Grazzani I. Enhancing social cognition by training children in emotion understanding: A primary school study.Journal of experimental child psychology [J] . 2014,119:26-39.

[128] Ottaviani C, Mancini F, Petrocchi N, Medea B, Couyoumdjian A. Autonomic correlates of physical and moral disgust. International Journal of Psychophysiology [J] . 2013,89(1): 57-62.

[129] Paal T, Bereczkei T. Adult theory of mind, cooperation, Machiavellianism: The effect of mindreading on social relations. Personality and Individual differences [J] . 2007,43(3): 541-551.

[130] Paytas T. Sometimes Psychopaths get it Right: A Utilitarian Response to 'The Mismeasure of Morals'. Utilitas [J] .2014,26(2): 178-191.

[131] Peskin J, Ardino V. Representing the mental world in children's social behavior: Playing hide-and-seek and keeping a secret. Social Development [J] . 2003,12(4): 496-512.

[132] Pinazo C, Nos Aldás E. Developing Moral Sensitivity through protest scenarios in international NGDOs' Communication.Communication Research [J] . 2016,43(1): 25-48.

[133] Piotrowska P, Stride C, Croft S, Rowe R. Socioeconomic status and antisocial behaviour among children and adolescents: A systematic review and meta-analysis. Clinical Psychology Review [J] . 2015, 35: 47-55.

[134] Pizarro D, Inbar Y, Helion C. On disgust and moral judgment. Emotion Review [J] . 2011, 3(3): 267-268.

[135] Pons F, Harris P. Longitudinal change and longitudinal stability of individual differences in children's emotion understanding. Cognition &

Emotion [J] . 2005,19(8):1158-1174.

[136] Reiss F. Socioeconomic inequalities and mental health problems in children and adolescents: a systematic review. Social science & medicine [J] . 2013,90: 24-31.

[137] Rest J, Narvaez D, Bebeau M, Thoma S. A neo-Kohlbergian approach: The DIT and schema theory. Educational Psychology Review [J] . 1999,11(4):291-324.

[138] Reynolds S. Moral awareness and ethical predispositions: investigating the role of individual differences in the recognition of moral issues. Journal of Applied Psychology [J] . 2006, 91(1): 233-239.

[139] Rhodes M, Chalik L. Social categories as markers of intrinsic interpersonal obligations. Psychological science [J] .2013,24(6): 999-1006.

[140] Rotenberg K, Michalik N, Eisenberg N, Betts L. The relations among young children's peer-reported trustworthiness, inhibitory control, and preschool adjustment. Early childhood research quarterly [J] . 2008, 23(2):288-298.

[141] Rozin P, Markwith M, Stoess C. Moralization and becoming a vegetarian: The transformation of preferences into values and the recruitment of disgust. Psychological Science [J] .1997,8(2): 67-73.

[142] Ruby P, Decety J. How would you feel versus how do you think she would feel? A neuroimaging study of perspective-taking with social emotions. Journal of cognitive neuroscience [J] . 2004, 16(6): 988-999.

[143] Sagi A, Hoffman M. Empathic distress in the newborn. Developmental Psychology [J] .1976,12(2): 175-178.

[144] Schaich B, Lieberman D, Kiehl K. Infection, incest, and iniquity: Investigating the neural correlates of disgust and morality. Journal of cognitive neuroscience [J] . 2008,20(9):1529-1546.

[145] Scrimgeour M, Davis E, Buss K. You get what you get and you don’t throw a fit!: Emotion socialization and child physiology jointly predict early

prosocial development. Developmental Psychology [J]. 2016,52(1):102-110.

[146] Shawver T, Sennetti J. Measuring ethical sensitivity and evaluation. Journal of Business Ethics [J]. 2009,88(4):663-678.

[147] Shutts K. Young children's preferences: Gender, race, and social status. Child Development Perspectives [J]. 2015,9(4): 262-266.

[148] Sigelman C, Waitzman K. The development of distributive justice orientations: Contextual influences on children's resource allocations. Child development [J]. 1991,62(6): 1367-1378.

[149] Silverman L. The moral sensitivity of gifted children and the evolution of society. Roeper review [J]. 1994,17(2): 110-116.

[150] Sirin S, Brabeck M, Satiani A, Rogers-Serin L.Validation of a measure of ethical sensitivity and examination of the effects of previous multicultural and ethics courses on ethical sensitivity. Ethics & Behavior [J]. 2003,13(3): 221-235.

[151] Sloane S, Baillargeon R, Premack D. Do infants have a sense of fairness? Psychological science [J]. 2012,23(2): 196-204.

[152] Smetana J, Rote W, Jambon M, Villalobos M, Comer J. Developmental changes and individual differences in young children's moral judgments. Child development [J]. 2012,83(2):683-696.

[153] Sohr-Preston S, Scaramella L, Martin M, Neppl T, Ontai L, Conger R. Parental socioeconomic status, communication, and children's vocabulary development: A third-generation test of the family investment model. Child development [J]. 2013,84(3): 1046-1062.

[154] Sommerville J, Schmidt M, Yun J, Burns M. The development of fairness expectations and prosocial behavior in the second year of life.Infancy [J]. 2013,18(1): 40-66.

[155] Sparks J, Hunt S. Marketing researcher ethical sensitivity:

Conceptualization, measurement, and exploratory investigation. Journal of Marketing [J] . 1998,62(2):92-109.

[156] Strayer J. Children's concordant emotions and cognitions in response to observed emotions. Child development [J] .1993,64(1): 188-201.

[157] Svetlova M, Nichols S, Brownell C. Toddlers' prosocial behavior: From instrumental to empathic to altruistic helping. Child development [J] . 2010,81(6):1814-1827.

[158] Takagishi H, Kameshima S, Schug J, Koizumi M, Yamagishi T. Theory of mind enhances preference for fairness. Journal of experimental child psychology [J] . 2010,105(2): 130-137.

[159] Taylor A, MacKinnon D, Tein J. Tests of the three-path mediated effect. Organizational research methods [J] . 2008,11(2): 241-269.

[160] Thoma S. An overview of the Minnesota approach to research in moral development. Journal of Moral Education [J] . 2002,31(3): 225-245.

[161] Trentacosta C, Fine S. Emotion knowledge, social competence, and behavior problems in childhood and adolescence: A meta-analytic review. Social Development [J] . 2010,19(1): 1-29.

[162] Trevino L. Ethical decision making in organizations: A person-situation interactionist model. Academy of management Review [J] .1986,11(3): 601-617.

[163] Trevino L, Brown M. Managing to be ethical: Debunking five business ethics myths. Academy of Management Perspectives [J] .2004,18(2): 69-81.

[164] Vaish A, Carpenter M, Tomasello M. Young children selectively avoid helping people with harmful intentions. Child development [J] . 2010,81(6):1661-1669.

[165] Vinik J, Almas A, Grusec J. Mothers' knowledge of what distresses and what comforts their children predicts children's coping, empathy, and

prosocial behavior. Parenting: Science and Practice [J] . 2011,11(1): 56-71.

[166] Waanders C, Mendez J, Downer J. Parent characteristics, economic stress and neighborhood context as predictors of parent involvement in preschool children's education. Journal of School Psychology [J] . 2007,45(6): 619-636.

[167] Warneken F, Tomasello M. Varieties of altruism in children and chimpanzees. Trends in cognitive sciences [J] . 2009,13(9): 397-402.

[168] Wellman H, Cross D, Watson J. Meta-analysis of theory-of-mind development: The truth about false belief. Child development [J] . 2001,72(3): 655-684.

[169] Williams K, Berthelsen D, Walker S, Nicholson J. A developmental cascade model of behavioral sleep problems and emotional and attentional self-regulation across early childhood. Behavioral Sleep Medicine [J] . 2017, 15(1):1-21.

[170] Wimmer H, Perner J. Beliefs about beliefs: Representation and constraining function of wrong beliefs in young children's understanding of deception. Cognition [J] .1983,13(1): 103-128.

[171] Yau J, Smetana J, Metzger A.Young Chinese Children's Authority Concepts. Social Development [J] . 2008,18(1): 210-229.

[172] Yoo H, Feng X, Day R. Adolescents' empathy and prosocial behavior in the family context: A longitudinal study. Journal of youth and adolescence [J] . 2013,42(12): 1858-1872.

[173] Yoshikawa H, Aber J, Beardslee W. The effects of poverty on the mental, emotional, and behavioral health of children and youth: implications for prevention. American Psychologist [J] . 2012,67(4): 272-279.

[174] Yu J, Zhu L, Leslie A. Children's sharing behavior in mini-dictator games: The role of in-group favoritism and theory of mind. Child development [J].

2016,87(6): 1747-1757.

[175] 卞军凤，燕良轼. 5~12 岁儿童人际关系差序性对道德公正与道德关怀的影响.学前教育研究［J］. 2015,(5):38-44.

[176] 陈少华，郑雪. 亲社会情境中儿童的道德情绪判断及归因模式的实验研究. 心理发展与教育［J］. 2000,16(1):19-23.

[177] 丁芳，郭勇. 儿童心理理论，移情与亲社会行为的关系.心理科学［J］. 2010,33(3): 660-662.

[178] 费立鹏，郑延平，邹定辉. 家庭环境量表中文版. 中国心理卫生杂志［J］. 1999,13(2):134-139.

[179] 关明杰，高磊，翟淑娜. 家庭环境及父母教养方式对儿童行为问题的影响. 中国学校卫生［J］. 2010,31(12):1470-1472.

[180] 胡文彬，高健，康铁君，吴冰，石扩，王雪艳. 大学生共情与父母教养方式的关系及影响因素研究. 中国健康心理学杂志［J］. 2009,17(9):1050-1055.

[181] 胡竹菁. 平均数差异显著性检验统计检验力和效果大小的估计原理与方法. 心理学探新［J］. 2010,30(1): 68-73.

[182] 李琳琳. 中国公务员道德敏感性研究［D］. 东北大学,2009.

[183] 李泉. 执行功能对幼儿情绪胜任力发展的影响及其神经机制研究［D］. 西南大学,2019.

[184] 李晓东，王轶楠. 关于4~6岁幼儿道德判断特点的研究. 学前教育研究［J］. 2002,(2): 40-42.

[185] 李艳玮，李燕芳，刘丽莎，吕莹. 家庭学习环境对儿童早期学业和社会技能的作用. 心理发展与教育［J］. 2013,29(3): 268-276.

[186] 梁凤华，段锦云. 道德判断中的框架效应：一个新的视角. 心理学探新［J］. 2018,38(1):42-28.

[187] 刘文，朱琳，张雪，张玉，刘颖. 2~3 岁儿童在分配情境下的公平敏感性. 心理学报［J］. 2015,47(11):1341-1348.

[188] 王璐，宋娟，魏艳秋，解鸿宇，彭瑶，张静达. 初中生家庭环境与攻击性

的关系：共情的中介作用. 心理与行为研究［J］. 2019,17(2): 216-222.

［189］温忠麟，张雷，侯杰泰，刘红云. 中介效应检验程序及其应用. 心理学报［J］. 2004,36(5): 614-620.

［190］徐夫真，张文新. 家庭功能对青少年疏离感的预测：同伴接纳的调节作用及性别差异. 心理发展与教育［J］. 2010,26(3): 274-281.

［191］徐贵权. 道德敏感、道德宽容与社会和谐. 社会科学战线［J］.2007,(5):297-298.

［192］张梦圆，苑明亮，寇彧. 论西方道德心理研究的新综合取向：道德基础理论. 北京师范大学学报（社会科学版）［J］. 2016,(1):50-59.

［193］郑昊敏，温忠麟，吴艳. 心理学常用效应量的选用与分析. 心理科学进展［J］. 2011, 19(12): 1868-1878.

［194］郑信军. 道德敏感性：基于倾向与情境的视角［D］. 上海师范大学，2008.

［195］周双珠，陈英和. 规则的不同特点对儿童判断的影响. 心理发展与教育［J］. 2013, 29(5): 466-474.

附 录

附录1

幼儿道德敏感性情境问卷（部分）

问卷采用了两步式提问和4级评分标准，不仅要求幼儿对道德违规行为进行对错判断，还要求幼儿对道德违规行为的错误程度进行评价，0表示对，1表示有点不对，2表示比较不对，3表示非常不对。测试时，分为两步，第一步先问幼儿，在这种情境中某人的行为对不对，幼儿若回答“对”，则直接记0分，该题项回答结束，转到下一题。若回答“不对”，则进行第二步提问：“某人的行为是有点不对，比较不对还是非常不对？”幼儿若不能做出选择则直接记1分，转到下一题，若能做出选择，则根据其实际回答情况计分，认为有点不对记1分，比较不对记2分，非常不对记3分。

测试时，主试要始终保持亲和、友善的态度对幼儿进行提问，让幼儿能够轻松、自由地回答，不论幼儿选择哪种答案，都要表示肯定，不能有暗示的表情、动作、语言。要在保证被试听懂的情况下始终保持中等稍慢一点儿的语速（约120字/分钟），不能催促幼儿回答问题，并严格准确读出每一道题，不能随意改变题目用词，每道题若在1分钟内无法给出答案则记0分后跳到下一道题。

<table>
<tr><th colspan="5">幼儿道德敏感性情境问卷</th></tr>
<tr><th>情感伤害 A</th><th colspan="4">评分</th></tr>
<tr><td>1. 有一个同学在教室里大声说另外一个同学穿的衣服很难看。</td><td>0</td><td>1</td><td>2</td><td>3</td></tr>
<tr><td>2. 有一个同学在教室里大声说另外一个同学太胖。</td><td>0</td><td>1</td><td>2</td><td>3</td></tr>
<tr><th colspan="5">动物伤害 B</th></tr>
<tr><td>1. 有一个人开车碾死了一只小狗。</td><td>0</td><td>1</td><td>2</td><td>3</td></tr>
<tr><td>2. 有一个人正在用石头打在地上吃草的牛。</td><td>0</td><td>1</td><td>2</td><td>3</td></tr>
<tr><th colspan="5">身体伤害 C</th></tr>
<tr><td>1. 有一个同学故意推倒了另外一个同学。</td><td>0</td><td>1</td><td>2</td><td>3</td></tr>
<tr><td>2. 有一个同学用铅笔扎另外一个同学。</td><td>0</td><td>1</td><td>2</td><td>3</td></tr>
<tr><th colspan="5">公平 D</th></tr>
<tr><td>1. 有一个同学在教室里发礼物时，给小红发了 2 个，给小芳发了 3 个。</td><td>0</td><td>1</td><td>2</td><td>3</td></tr>
<tr><td>2. 赛跑比赛中，有一名赛跑者为了获胜而跑了一条短一点的路线。</td><td>0</td><td>1</td><td>2</td><td>3</td></tr>
<tr><th colspan="5">忠诚 E</th></tr>
<tr><td>1. 你们班有一位同学说他更喜欢另外一个班。</td><td>0</td><td>1</td><td>2</td><td>3</td></tr>
<tr><td>2. 你们班有一位同学说，她不希望你们班在比赛中赢。</td><td>0</td><td>1</td><td>2</td><td>3</td></tr>
<tr><th colspan="5">权威 F</th></tr>
<tr><td>1. 有一个学生不听老师的话。</td><td>0</td><td>1</td><td>2</td><td>3</td></tr>
<tr><td>2. 有一个学生在跟老师吵架。</td><td>0</td><td>1</td><td>2</td><td>3</td></tr>
<tr><th colspan="5">圣洁 G</th></tr>
<tr><td>1. 有一个人在厕所里吃面包。</td><td>0</td><td>1</td><td>2</td><td>3</td></tr>
<tr><td>2. 有一个人用别人用过的牙刷刷牙。</td><td>0</td><td>1</td><td>2</td><td>3</td></tr>
</table>

注：当幼儿对每个情境进行评价时，对其展示以下图片，图片分别代表“对”“有点不对”“比较不对”“非常不对”，让孩子选择相应的图片即可。例如：“有一个同学在教室里大声说另外一个同学太胖”，第一步提问：他这样做对不对？第二步提问：他这样做是有点不对，比较不对，还是非常不对？

附录2

家庭环境问卷（部分）

亲爱的家长：

您好！该问卷用于了解您对您的家庭的看法。请您确定以下问题是否符合你家里的实际情况，如果您认为某一问题符合您家庭的实际情况请答“是”，如不符合或基本上不符合，请答“否”。如果难以判断是否符合，您应该按多数家庭成员的表现或者经常出现的情况作答。如果仍无法确定，就按自己的估计回答。请务必回答每一个问题。有些问句带有“★”，表示此句有否定的含义，请注意正确理解句子内容。记住，该问卷所说的“家庭”是指与您共同食宿的小家庭。在回答问卷时不要推测别人对您的家庭的看法，请一定按实际情况回答。请将答案写在（ ）内。

注：本问卷中，1表示“是”，2表示“否”，请用1或者2作答。

1（ ）我的家庭成员总是能互相给予最大的帮助和支持。

2（ ）家庭成员总是把自己的感情藏在心里，不向其他家庭成员透露。

3（ ）家中经常吵架。

4（ ）★在家中我们很少自己单独活动。

5（　）家庭成员无论做什么事情都是尽力而为的。

6（　）我们家经常谈论政治和社会问题。

7（　）大多数周末和晚上，家庭成员都是在家中度过，而不外出参加社交和娱乐活动。

8（　）我们都认为不管有多大困难，子女应该首先满足老人的各种需求。

9（　）家中较大的活动都是经过仔细安排的。

10（　）★家里人很少强求其他家庭成员遵守家规。

11（　）在家里，我们感到很无聊。

12（　）在家里，我们想说什么就可以说什么。

13（　）★家庭成员彼此之间很少公开发怒。

14（　）我们都非常鼓励家里人具有独立精神。

15（　）为了有好的前途，家庭成员都花了几乎所有的精力。

……

共90道题。

附录3

幼儿气质问卷（家长版部分）

亲爱的家长：

您好！下面是您的孩子在日常生活中可能出现的一些情况，请您根据实际情况真实作答，在相应的数字上划√，具体标准如下：

1表示“从不这样”；2表示“非常少这样”；3表示“偶尔有一次”；4表示“有时这样”；5表示“时常这样”；6表示“经常这样”；7表示“总是这样”。

1. 洗澡时，把水泼得到处都是，玩得很开心。

（1）（2）（3）（4）（5）（6）（7）

2. 和其他小孩子在一起玩时，显得很高兴。

（1）（2）（3）（4）（5）（6）（7）

3. 嗅觉灵敏，对一点点不好闻的味道很快就能感觉到。

（1）（2）（3）（4）（5）（6）（7）

4. 对陌生的大人会感到害羞。

（1）（2）（3）（4）（5）（6）（7）

5. 做一件事时，例如画图、拼图、做模型等，不论花多少时间，一定要做完才肯罢休。

（1）（2）（3）（4）（5）（6）（7）

6. 每天定时大便。

（1）（2）（3）（4）（5）（6）（7）

7. 以前不喜欢吃的东西，现在愿意吃。

（1）（2）（3）（4）（5）（6）（7）

8. 对食物的喜好反应很明显，喜欢的很喜欢，不喜欢的很不喜欢。

（1）（2）（3）（4）（5）（6）（7）

9. 心情不好时，可以很容易地用笑话逗他/她开心。

（1）（2）（3）（4）（5）（6）（7）

10. 遇到陌生的小朋友时，会感到害羞。

（1）（2）（3）（4）（5）（6）（7）

11. 不在乎很大的声音，例如，其他人都抱怨电视机或飞机的声音太大时，他好像不在乎。

（1）（2）（3）（4）（5）（6）（7）

12. 如果不准孩子穿他自己选择的衣服，他很快就能接受妈妈爸爸要他穿的衣服。

（1）（2）（3）（4）（5）（6）（7）

13. 每天能定时吃饭。

（1）（2）（3）（4）（5）（6）（7）

14. 当孩子谈到一些当天所发生的事情时就显得兴高采烈。

（1）（2）（3）（4）（5）（6）（7）

15. 到别人家里，只要去二三次后，就会很自在。

（1）（2）（3）（4）（5）（6）（7）

……

共72道题。

附录4

儿童共情能力父母评定量表（部分）

采用Dadds（2010）编写的儿童共情反应量表。在本研究中，使用了林锦玲翻译的中文版本（2014）。量表共23项条目，九点量表，要求家长根据其对孩子在日常生活情景中的反应和行为的观察作出判断并回答，用于测试儿童的共情水平。该量表可以由熟悉儿童的任意一位监护人（父母等）评分，测到的量表的内部评分者信度为0.77—0.85。

答-4至-1表示否定，依次为“完全不是”“几乎不是”“通常不是”“似乎不是”。

答0分表示中立，即“一般般，很难说”。

答1至4表示肯定，依次为“似乎是”，“通常是”，“几乎都是”，“完全是”。

*表示反向

1.当其他孩子难过的时候，我的孩子也会感到难过。

2.当看到其他孩子因为淘气而受到惩罚的时候，我的孩子会难过。

3.我的孩子似乎能够对周围的人的情感作出回应。

4.当别人表现出不开心的时候，我的孩子也会感到不开心。

5.当看到其他孩子哭的时候，我的孩子也会哭或者难过。

6.当看到悲伤的电影或者电视剧的时候，我的孩子会伤心。

7.当周围的孩子感到紧张的时候，我的孩子也会紧张。

8.当别人表现出快乐的时候，我的孩子也会表现出快乐。

*9.即使周围的人不开心，我的孩子仍然感觉良好。

……

共23道题。

附录5

心理理论任务范例

意外地点任务：你看这是小猪佩奇的房间。他把玩具车放在了床上，然后就去外面玩了。过了一会儿，妈妈回来了，她看见了玩具汽车在床上，觉得有点乱，所以就把它放到了柜子里。

控制问题1：小猪佩奇最初把玩具汽车放在哪里了？（床上，答错要纠正）

控制问题2：现在玩具汽车在哪里？（柜子里，答错要纠正）

测试问题1：过了一会儿，小猪佩奇回来了，他想玩玩具汽车，小猪佩奇会认为汽车在哪里？（床上）

测试问题2：小猪佩奇会去哪里找玩具汽车？（床上）

控制问题是用于测试被试是否理解和记住测试任务，不参与评分。当被试正确回答出控制问题后，才能进行测试问题。若被试在主试提示后仍不能正确回答控制问题，则终止测试。每回答对一道测试问题计1分，回答错误计0分，每个心理理论任务共2分，共计4分。

附录6

情绪理解测试（TEC）材料范例

任务一：基于愿望的情绪理解

1.小女孩喜欢吃梨，小男孩不喜欢吃梨，那请你告诉老师谁喜欢吃梨啊？（答案：小女孩。答错要纠正）。

（1）小女孩打开盒子看到里面放着梨，她是什么感觉呢？（高兴）

（2）小男孩打开盒子看到里面放着梨，他是什么感觉呢？（生气/伤心）

小女孩喜欢吃梨　　小男孩不喜欢吃梨

附录7

共情材料范例

悲伤故事：小猪佩奇有一只小狗，不管走到哪里，这只小狗总会跟着佩奇，狗是佩奇的好朋友，但是今天狗不知道跑到哪了，怎么也找不到。小猪佩奇永远失去了这只小狗。

故事读完后，主试问：你能用自己的话把故事重讲一遍吗？那我提问你几个关于这个故事的问题，怎么想就怎么说。

问题1：你觉得故事中佩奇的感觉是：

A 高兴　B 伤心（难过）　C 愤怒（生气）　D 害怕

问题2：听完这个故事，你会觉得：

A 高兴　B 伤心（难过）　C 愤怒（生气）　D 害怕

如果儿童认为人物或者是自己有不止一种情绪情感，实验者需要要求儿童指出哪种情绪情感是主要的。回答对一题得1分，共计2分。

后 记

幼儿道德发展受制于先天和后天的共同影响。笔者有幸阅读了大量关于道德心理的文献，对道德发展有一些粗浅的认识后，基于好奇之心对幼儿道德敏感性发展进行了调查研究，并对其培养提出了若干自己的观点，希望能对日后其他学者的幼儿道德教育有所参考。

本书的写作过程中得到了王振宏老师的细心指导，吴国强、梁渊同学的鼎力相助以及王润琴园长的大力支持，在此深表谢意！当然也要感谢家人的陪伴与理解，让我能静下心来从事教学教学工作。

本书有幸得到了陇东学院出版基金资助，同时，本书也是甘肃省社会科学规划项目“双减背景下甘肃农村地区家庭教育质量提升路径研究”（2022YB120）；陇东学院博士基金计划项目“幼儿道德敏感性培养中的相关因素交互作用机制研究”（XYBYSK2103）；陇东学院博士科研启动项目“道德健康与心理健康双向促进的模型建构”（XYBY1710）的阶段性研究成果。

康德曾说：“有两种东西，我对它们的思考越是深沉和持久，它们在我心灵中唤起的惊奇和敬畏就会日新月异，不断增长，这就是我头上的星空和心中的道德律。”道德作为指向人类幸福的一切规则总和，不仅维系着人类社会的正常运转，更是人类美好生活得以实现的基础和个体内心得以安宁的良药，希望这个世界因为道德而更加美丽、和谐。